세상을 리더하는 인간 심리의 창조력

OH! MY CREATIVITY

창조의 심리학

저자 박재호(朴在鎬) |

grciop@gmail.com

景福고등학교 졸업
서울대학교 학사학위 취득(심리학)
서울대학교 대학원 석사학위 취득(사회심리학)
독일 Goettingen대학교 대학원 박사학위 취득(산업 및 조직심리학)
현재 영남대학교 심리학과 학과장 겸 대학원 주임교수

주요경력 |

University of Michigan(Ann Arbor) 교환교수
Yokohama National University 교환교수
일본 교육대학대학원, 객원교수
Harvard University 연구교수
Alliant/CSPP Teaching Professor
Center for Creative Leadership(CCL), North Carolina, U.S.A., Affiliate
Leadership 2000(Phoenix, Arizona, U.S.A.), Affiliate
THT Cross-cultural Consulting(Amsterdam, the Netherlands). Partner
Global Integration(London, UK), Partner

주요저서 및 역서 |

자기개발리더십(SIL : Self Initiating Leadership), 생능출판, 서울, 2007
자신의 브랜드 가치를 높이는 커뮤니케이션 심리학(영남대학교 출판부)
의사소통기술(영남대학교 출판부)
현대조직심리학(탐구당)
소비자 행동연구(탐구당)
고객감동으로 가는길(현대미디어)
사회과학에서의 장이론(역서, 민음사)
미국우량기업연구(성원사)
일본의 실상과 허상(영남대학교 출판부)
기타

세상을 리더하는 인간 심리의 창조력 창조의 심리학

초판 발행 2007년 3월 26일 | 초판 4쇄 2011년 8월 25일
지은이 박재호 | **펴낸이** 우동기 | **펴낸곳** 영남대학교출판부 | **디자인** GukjeAD
출판등록 1975년 9월 5일 경산 제16-1호 | **주소** 경북 경산시 대동 214-1
전화 053) 810-1801~3 | FAX 053) 810-4722 | **홈페이지** book.yu.ac.kr

ISBN 978-89-7581-320-7 93180

· 값은 표지 뒷면에 있습니다.
· 잘못 만들어진 책은 바꾸어 드립니다.

세상을 리더하는 인간 심리의 창조력

OH! MY CREATIVITY

창조의 심리학

박 재 호 지음

pegasus

머리말

'창조의 심리학'이 이처럼 책으로 나오게 된 것은 큰 축복이라고 생각합니다. 왜냐하면 오늘날 한국처럼 〈창조력〉이 절실하게 필요한 나라가 없기 때문입니다.

왜 그런지 그 이유를 살펴보면 다음과 같습니다. 우선 지정학적으로 보면 우리나라의 포지셔닝은 너무나 복잡하게 얽혀있습니다. 즉 미국, 일본, 러시아, 중국, 그리고 남한과 북한으로 얽히고설킨 이해관계가 마치 19세기 말 조선조 후기와 비슷합니다.

그러나 그보다 더 어려운 것은 한국이 가까운 미래에 무엇을 하면서 어떻게 먹고 살아야 할지 즉 생존과 직결되는 문제입니다. 이것은 인적자원, 기술력과 그리고 이를 통한 지속가능성(Sustainability)과 관계되는 것입니다. 다시 말해 우리가 향후에도 계속 지속가능(Sustainable) 하려면 지금까지 해 온 것과는 전혀 다른 패러다임과 실천력이 요구됩니다. 오늘날 한국의 위치는 앞서가는 일본의 기술력을 따라 가기는 커녕 그와 정 반대로 기술격차는 점차 더 커져가고 있으며, 후발주자인 중국은 우리의 바로 턱밑까지 쫓아 오고 있습니다. 여기에 인도가 급부상하고 있고 신흥시장인 베트남 등의 맹공 역시 향후 가공할 위력을 발휘할 것입니다.

바로 이 같은 이유로 삼성 이건희 회장과 LG 구본무 회장은 '창조경영'과 '창조적 리더십'을 기회만 있으면 역설하고 있습니다. 나아가 이 분들은 현재와 같은 상태로 나아가면 향후 4~6년 이내에 한국이 대단히 어려운 위기에 몰릴 것이라고 경고하고 있는 실정입니다.

그러면 이러한 상황과 여건, 그리고 포지셔닝을 변화시킬 수 있는 길은 무엇입니까? 이에 대처하는 유일무이한 방안은 국민 한 사람 한 사람이 자기 내면에 있는 '잠자는 창조력을 깨우는 길' 밖에 없습니다. 다시 말해 개인 창조력, 집단 및 팀 창조력, 그리고 조직 및 기업 창조력을 개발하여 이것이 마침내 국가차원의 창조력으로 결집되도록 해야 합니다.

저는 심리학을 전공하면서 자신이 정말 행운아였다고 생각하는 것은 바로 '실제적 창조력: Practical Creativity'를 배우고, 가르치고, 또 연구할 수 있는 기회를 지난 25년 동안 가까이 가졌다는 것입니다. 회고하면, 1987년에 어느 봄날 LG그룹 연수팀(당시 럭키금성 기조실)의 관리자가 "한국에서 가장 좋고 획기적인 창조력 트레이닝 프로그램을 만들어 줄 수 있겠습니까?"라는 제안을 하여 왔습니다. 이들이 요구한 것은 이론중심의 사변적이고 탁상공론에 그치는 프로그램이 아니라, 누구나 창조력을 익히고, 학습함으로써 창조역량을 실제로 증진시킬 수 있는 트레이닝 프로그램이었습니다.

그해 여름 필자가 Los Angles 근교 Woodlands Hill에서 개최된 SYMLOG워크샵에서 UCLA의 Alan Silverthorne박사를 만난 것이 창조력 프로그램 개발의 첫 단추를 끼게 된 계기가 되었습니다. 왜냐하면 5박6일간의 SYMLOG워크숍을 마치고 Alan 박사와 함께 Holiday Inn 호텔에서 다시 3일간 〈2인 창조력 개발 워크숍〉을 하였기 때문입니다. 그 후 Silverthorne박사는 내한하여 3차례에 걸친 〈강사 양성을 위한 조직개발 창조력〉워크샵을 했습니다.

그 다음은 미국 Greensboro에 있는 CCL(Center for Creative Leadership)이 자랑하는 창조력 프로그램인 〈Targeted Innovation〉에 참가하여, 개인 창조력 프로그램을 개발한 것입니다. TI 프로그램의 특징은 실제 문제를 가지고 온 참가자들이 창조력을 발휘하여 그 솔루션을 찾기 때문에 대단히 실질적이고 행동지향적인 점입니다. 그 해 가을 이 프로그램을 개발한 스탠 그로츠비스키 박사를 다시 국내로 초청하였습니다. Stan과 함께 2차례에 걸쳐서 Targeted Innovation 강사양성 과정을 국내에서 실시하였습니다. 그 다음 해에는 일본 JMAC가 확산시키고 있던 〈창조력 프로그램〉을 벤치마킹하였습니다.

그러나 이 책을 집필하게 된 가장 주요한 계기는 2005년 가을부터 6개월간 연구기회를 제공해 준 일본 Yokohama국립대에서의 체류동안에 일어났습니다. 이 기간 동안 일본 창조학회회장이고 또 컨설팅기관으로 창조연구소를 37년째 운영하고 있는 마코도 다카하시박사와 함께 창조력개발에 대하여 많은 시간 토의를 할 수 있었습니다. 나아가 일본 체류 기간 동안 필자는 일본경제신문이 주최한 '창조대상' 심포지움에도 참가하였습니다. 이뿐만 아니라 Creative Life Symposium에 참가하면서 일본 창조력 동향을 접근하였습니다. 추가하면 '창조기업'들을 대상으로 인터뷰를 실시하는 기회에 동참할 수 있었습니다.

지난 약 25년 동안 연구하고 가르쳐온 '창조력'은 필자 자신에게 호기심, 질문력 그리고 Cross-culture 리더십에 대한 관심과 열정을 부여해 주었습니다. 이 같은 배경 때문에 노르웨이 Trondheim대학교의 MBA 과정에 초청받아 몇 차례 워크샵을 실시하면서 바이킹의 후예들인 노르웨이 사람들에게도 창조력을 가르쳤습니다.

이 책은 창조력을 다양한 측면에서 다루고 있습니다. 따라서 현재 학습단계에 있는 대학생들은 물론이고, 공직자, 병원조직 나아가 기업에 근무하는 사람들도 창조력을 쉽게 학습할 수 있도록 만들었습니다. 특히 지속가능성(Sustainability)를 가장 중요한 경영 화두로 삼는 기업들의 경우는 창조력 개발에 열정을 가지고 일도정진하는 것만이 21세기에 살아서 번영하는 유일한 선택일 것입니다.

본서는 도해식으로 만든 트레이닝 매뉴얼입니다. 이는 그간 난해하고 어려워서 접근하기 힘든 창조력에 대한 접근경로를 제공할 뿐만 아니라 '신비롭게 생각해 오던 창조력'의 베일을 벗기는 계기를 만들 것입니다.

지능(IQ)은 나이가 들면 더 이상 개발되지 않는다고 하지만, 창조력은 나이와 관계없이 개발이 가능하다고 합니다. 또한 창조력을 개발하는 과정은 재미있습니다. 나아가 창조력을 개인적으로 또는 팀으로 추구하는 사람들에게는 밝은 미래가 있습니다.

이 책의 탄생에 직 · 간접적으로 도와주신 분들을 찾아뵙지는 못하지만 우선 지면으로 감사드립니다. UCLA의 Alan Silverthorne박사, Center for Creative Leadership의 Stan박사, 일본의 Takahashi박사, 지금은 대학에서 활약하는 홍성근 박사, LG인화원의 김경수 상무. 이들 모두 이 책이 탄생하는 데 많은 도움을 주신 분들입니다.

진심으로 감사드립니다.

2007년 3월 20일

박 재 호

차 례

머리말 004

모듈 0. 창조력 – 생존의 스킬을 실천하는 사람들 009

모듈 1. 이것이 창조력이다 – 정의 023

모듈 2. 당신은 왜 창조력을 개발해야 하는가 031

모듈 3. 무엇이 창조력을 억누르는가 – 창조력 암살 요인 탐구 049

모듈 4. 창조력에 대한 오해와 진실 – 사례 067

모듈 5. 무엇이 창조력을 발산시키는가 – 창조력 발산 요인 탐구 075

모듈 6. 창조력과 자기 진단 099

모듈 7. 창조력 사례 연구 119

모듈 8. 당신의 창조력에 날개를 달아라 – 실습 133

모듈 9. 창조력 : 어디서 나오는가 167

모듈 10. 일본 창조력을 벤치마킹한다 189

모듈 0

창조력 – 생존의 스킬을 실천하는 사람들

창의력 : 생존의 스킬

〈사례1〉 죽어가는 동물원을 살린 창조력 : 마사오 고수게원장

동물원에 고객이 오지 않으면 어떻게 될까?

고객이 오지 않는 동물원에 있는 동물들은 기가 죽는다고 한다. 일본 호카이도의 아사히가와시에 있는 아사히야마 동물원은 원장인 마사오 고스게 씨의 창조적 리더십과 동물조련사 15명의 개인 및 팀 아이디어 발상, 미래비젼 창조 및 실천, 그리고 새로 선출된 신임시장의 전폭적 지원 등을 통해서 다시 소생하여 일본에서 가장 성공적인 '창조력 개발사례'로 평가받고 있다. 실제 이를 통해 이 동물원은 닛케이 신문이 주관하는 "일본창조대상"을 받았을 뿐만 아니라 TV드라마로도 제작되어 방영되었다.

아사히야마 동물원은 일본 대도시 도쿄나 오사카로부터 멀리 떨어진 호카이도에 있다. 따라서 사람들이 상당한 동기가 부여되지 않으면 비용, 시간, 그리고 노력이 많이 드는 이곳까지 자녀들을 데리고 찾아오지 않는다. 그 결과 아사히야마 동물원은 수년간 점차 고객이 줄면서 서서히 죽어가고 있었다. 그런데 몇 년 전 새로 취임한 고스게 원장은 동물원을 살리는 것이야말로 이 도시를 살리는 길이라고 판단하고 동물 사육사들과 창조력 훈련을 받으면서 새로운 아이디어 발상부터 비전 창출, 그리고 이에 따른 혁신 프로세스를 밟기 시작하였다.

이들이 다룬 심층적 질문에는 예컨대 :

– "왜, 사람들이 동물원에 올까?"

– "아동 고객들은 동물원에서 무엇을 가장 보고 싶어 할까?"

– "고객을 만족시킬 수 있는 접근법은 무엇인가?"

질문 제기에서 시작되는 창조력 개발 프로세스를 밟으며, 자신이 사육하는 동물의 성격, 속성, 특기 등을 누구보다 잘 아는 실무자인 사육사들은 이상적 상태의 동물 케이지와 현재의 동물 케이지를 그림으로 그려나갔다. 예컨대 다리보다 팔이 긴 오랑우탕은 우리에 앉아 있을 때는 별로지만, 30미터가 넘는 나무에 오르고 내리거나 건너 뛸 때 그 멋진 능력을 최대한 발휘할 수 있다. 펭귄이 걸어 다니는 새로 유명하지만 사실 펭귄의 역량이 가장 잘 나타나는 것은 수영하는 모습이다. 왜냐하면 이들은 시속 30km 이상 빠른 속도로 수중에서 수영을 하기 때문이다.

창조력을 통하여 변화된 이상적 상태의 동물원의 모습은 다음과 같았다 :

"고객들은 아주 가까이에서, 그리고 자연스러운 상태에서 동물들을 관찰하고 즐기고 싶어하는 게 아닌가."

그 결과 북극곰이 있는 우리 한복판에 멋지게 디자인된 유리탑이 건립되었다. 아동 고객이 여기에 들어가서 바로 코앞에서 움직이는 북극곰의 자연스러운 행동을 보면 열광한다. 또 펭귄의 수영하는 모습을 가장 근거리에서 자연스럽게 보도록 새로 설치한 대형 유리설비 등은 이 동물원을 완전히 새로운 모습으로 바꾸어 놓았다.

창조력이 가져온 성과는 놀랄 만하였다, 즉 1년에 26만 명밖에 오지 않던 관람객들이 2006년도에는 280만 명으로 증가하게 된 것이다. 먼 도시에서 자녀들을 데리고 방문하는 고객들 덕분에 이 도시의 숙박업, 식당 그리고 관광산업 등이 다시 활성화되면서 도시 전체가 새롭게 활기를 찾는, 엄청난 전기를 맞이하였다.

〈사례2〉 창의력의 산물 스와치 시계와 프란츠 스프레허(Franz Sprecher)

몇 년 전, 아직 눈이 완전히 녹지 않은 초봄, 스위스 바젤(Basel)에 살고 있는 스프레허 박사의 저택을 방문하였다. 그와 창조력에 관해서 대담을 하는 2시간 동안 그는 5번 핸드폰을 받았다. 그는 한 번은 독어, 한 번은, 영어, 한 번은 불어, 그리고 한 번은 스페인어로 대화를 하였고, 면담을 마치고 그의 집을 나올 때 그가 받는 모바일 폰의 대화는 이태리어였다.

스프레허 박사는 '스와치'를 개발한 장본인이다. 그가 스와치 시계에 대한 창조적 발상을 시작하는 사고의 방아쇠는 다음의 질문이다.

"왜 사람들은 비싼 손목 시계를 사서 싫증나게도 수십 년 동안이나 끼고 다닐까?"

였다. 그리고 추가 질문으로는

"시계를 넥타이나 스카프처럼 계절따라, 요일따라 나아가 아침, 저녁으로 기분에 따라 바꿀 수 있도록 '패션화'하는 방법은 없을까?" 였다.

swatch

구체적인 창조적 상품개발 전략으로 나온 내용은 다음과 같다 ;

(1) 스와치는 일단 가격대가 50$ ~ 150$를 넘어서는 안 된다.

(2) 디자인이 다양해야 하며(현재 약 3,000종), 젊은 사람들 취향으로 하되 중년의 남녀도 거부감 없이 사용할 수 있어야 한다.

(3) 특히 마케팅대상이 전 세계시장이기 때문에 어떤 문화에서도 거부감을 받지 않는 글로벌 와치이어야 한다.

창조력이 가져온 성과를 통해 스위스는 디지털시계가 출현하여 잃어버렸던 시계 시장을 다시 찾아 화려하게 컴백할 수 있었다.

〈사례 3〉 스탠 그로츠비스키 박사

그는 창조력 개발과 리더십 개발의 세계적 연구 및 트레이닝기관인 미국, 그린스보로에 있는 Center for Creative Leadership의 부사장 겸 수석연구원이었다. 한국에서는 필자가 창조력 개발과정을 도입하기 위해서 그를 초대하였고, 국내에 보름 정도 머물렀다. 2주일 동안 함께 워크샵을 하면서 필자가 관찰한 그의 모습은 다음과 같았다. 우선 스탠은 눈빛이 다른 사람들과 다르다. 아마 사물을 3배 이상 더 자세히 보는 눈빛이라고나 할까.

용인 민속촌에 가서 함께 삼계탕을 먹을 때 그가 던진 질문 5개는 하나도 대답할 수가 없었다. 예컨대 삼계탕에 들어 있는 한약제 하나를 잡아내고는 "이것이 무엇인지, 어디서 났는지, 어디에 좋은지 등등."

창조적인 사람의 전형인 그는 대단히 부지런하다. 워크샵 기간 중 호텔 방으로 잠을 자러 헤어져 들어가는 시간은 매일밤 10시 이후였다. 아침 7시 식사를 하러 조식식당에 올 때 그는 편지 6통, 엽서 10장 그러면서 이메일 15개, 그리고 부인 및 자녀에게 각각 전화 한 통씩 했다고 말한다. 이처럼 창조력을 세계를 대상으로 가르치는 그는 호기심, 관심, 질문력 그리고 부지런함으로 똘똘 뭉쳐있었다.

〈사례 4〉 마코도 다카하시(일본 창조력학회 회장)

일본 창조연구소 회장이며 일본 교육대학원교수인 마코도 다카하시 박사는 만날 때마다 책을 한 권씩 선물로 주곤 한다.

그런데 그 책이 모두 자기가 최근에 쓴 책이라니 놀라지 않을 수 없다.

그는 1년에 평균 7 ~ 9권의 책을 펴낸다. 지금까지 그가 쓴 책은 약 85권이다.

다카하시박사는 메모왕이다.

그는 항상 오른 손은 비워두고 있다. 왜냐하면 언제라도 볼펜을 뽑아서 늘 가지고 다니는 포스트 잇에 메모할 수 있어야 하기 때문이다. 가방을 메고 다닐 때도 반드시 왼쪽 어깨에만 맨다. 그래야 오른 손에 기록을 할 수 있는 자유를 줄 수 있다는 원리에서다.

그는 또 수집광이다.

자기가 양띠이기 때문에 양을 모은다.

양의 숫자가 이제는 약 1,500종이 넘는다고 하고, 지난 번 양띠해가 돌아 왔을 때, 요코하마 국제 전시관에서 이를 전시하였다. 그리고 이것을 일본 국영TV 방송 NHK가 전국적으로 방송하였다.

자, 그러면 왜 창조력인가?

창조력은 글로벌 시대에 개인, 가정, 기업, 지역사회 그리고 국가가 가져야 하는 생존스킬이다. 예를 들어 보자. 접시는 어디에서나 용도는 같은데 왜 사람들은 덴마크 코펜하겐에 가서는 3배 내지 5배나 더 비싼 그곳의 접시를 기꺼이 사는가? 노르웨이 베르겐 국제 공항에 있는 탑승대기 승객용 의자는 그 디자인 종류가 10가지가 넘는다. 색깔 역시 각양 각색으로 다양하다. 멋진 디자인과 화려한 색깔의 의자에 앉아서 비행기 탑승시간을 기다리다 보면 어느덧 지루함을 잊게된다. 스웨덴 왕궁 건너편에 있는, 노벨상 수상식 피로연이 열리는 그랜드 호텔 옆에는 '스웨덴 디자인 박물관'이 있다. 주전자가 얼마나 다양할 수 있는가를 보려면 이곳에 가 보라.

이처럼 다양하고, 특이하고, 새로운 것은 창조력의 소산이다. 그리고 이 같은 것이 부가가치를 높인다. 획일적이고 단순하며, 천편일률적인 것은 후진성의 소산이다. 지금까지 대량생산, 일관적 생산을 통한 수량의 극대화 전략은 이제 와서는 달라지고 있다. 다르지 않으면 생존하지 못하는 사실을 도요다 자동차를 보면 잘 알 수 있지 않은가. 그 예로 일본에 가서 도요다 제품 중에서 똑같은 색깔과 디자인의 차를 두대 찾는다면 그날은 재수가 좋은 날이다. 어쩌면 주차장에 서 있는 수백 대의 차가 다 다른가. 이것이 미국 GM과 Ford는 죽어가는데 도요다는 계속 승승장구하는 이유가 아닐까.

창조력의 전제 조건

개인 및 조직 그리고 지역사회 나아가 국가가 창조력을 발휘하게 만드는 그 DNA는 무엇인가? 우선 창조력은 '미래의 꿈'을 먹고 자란다. 따라서 비전, 드림, 희망 그리고 미래의 청사진이야 말로 창조력이 자라게 하는 토양이다. "과거 중심 사고는 창조력을 자라게 하지 못한다." 왜냐하면 과거는 후회, 회한, 죄의식 등과 연결되기 때문이다.

오늘날은 우리 개인에게도 창조력이 그 어느 때보다 절실히 요구된다. 왜냐하면 한 번 가진 직업이 평생 일하는 동안 유효할 가능성이 없어졌기 때문이다. 영국에서는 사람들의 Working life를 25 ~ 60세까지 35년으로 산정할 때 적어도 3번 이상은 직업을 바꾸어야 정년까지 갈 수 있을 것이라고 리포트를 내 놓고 있다. 왜냐하면 한번 획득한 스킬 및 역량은 환경변화 때문에 10년 이상 지속되지 못하기 때문이다. 자, 그러면 무엇이 개인의 경우 창조력을 발휘하게 하는 요소인가?

첫째) 해당분야 전문성

둘째) 창조적 스킬

셋째) 질문력에서부터 시작

네째) 내적 동기

자기 내면에서 출발하여 스스로 자발적으로 가지는 내적동기야말로 창조력이 싹트는 토양이다. 예를 들어, HP를 일으킨 휴렛과 패커드는 스텐포드 대학 1학년 때 자기 집 차고에서 여기저기서 사 모은 전자부품으로 단순조립을 시작하였다. 이것을 누가 시켜서 한 것이 아니다. 최근에 아이 포트로 다시 기운차게 일어선 Apple의 CEO 스티브 잡스가 컴퓨터 부품 조립을 시작할 때 누가 하라고 시켰는가? 델 컴퓨터의 마이클 델도 의과대학가기를 희망하는 부모들의 생각과는 달리 기숙사 목욕실에서 컴퓨터 조립을 시작한 것도 자기가 좋아서 한 것이다.

사람은 이상한 동물이어서 누가 시켜서 일을 하면 신명이 나지 않는다고 한다. 남이 시키거나 조건에 따라서 일을 하는 것이 외적 동기라면 스스로, 자발적으로, 그리고 자기 결심에서 하는 것이 내적 동기이다. 이상의 예들을 통하여 우리는 내적 동기가 더 큰 추진력이 있다는 것을 확인할 수 있지 않은가?

연구소, 회사, 지자체 그리고 정부기관 등에서는 조직 창조력이 요구된다. 이 경우 개인 창조력의 3가지 요소에 하나가 더 추가된다. 즉 '창조적 조직 문화를 만들 수 있는 창조적 리더십'이 바로 이것이다. 의사 결정권을 가지는 대통령, 지자체장, 그리고 사장 나아가 연구소 소장의 역할이 창조력을 발휘할 수 있도록 문화를 만들어 주는 것이 바로 창조적 리더십이다. 월 마트의 샘 월튼 회장의 말을 상기해 보자 ; "나 혼자서 모든 것을 할 수 없다는 것을 깨달았을 때, 월마트는 탄생했습니다." 사람들이 창조적인 환경, 분위기에서 일에 전념하도록 조직 문화를 만들어 주는 것이 리더의 가장 중요한 역량이다.

WAL★MART®
ALWAYS LOW PRICES.
Always.
Walmart★com

창조력의 출발점

세계가 글로벌리제이션 시대에 접어 들었고, 국가와 문화간의 경계도 날이 갈수록 희미해져 가고 있다. 좁고 작은 한국이라는 우물 안에서 벗어나 꿈과 희망을 펼치도록 어린 아이때부터 창조력을 길러주자. 아이들 양육에 좀 더 다른 패러다임을 가져 보자. 이를 위해 교육 역시 달라지지 않으면 안된다. 스칸디나비아 교육 혁명의 선두주자였던 노르웨이 오슬로 대학 및 베르겐 대학 교수였고, 노르웨이 정부의 교육 및 연구부 장관이었던 구드문드 헤르네스 박사는 창조력의 중요성을 강조하면서 "Education is too important to be decided by teachers alone." 이라고 말했다.

일반인도 예외는 아니다. 바쁘기 때문에 반복적인 일만 하다가 보면 언제 내가 용도 폐기될지도 모른다는 위기의식을 가져보자. 왜냐하면 바뀌고 있는 세상은 다른 역량과 스킬을 요구하는데 나는 여기에 부응하지 못하니까. 내가 나의 운명을 리더하려면, 질문을 자주 해 보자. 그리고 호기심을 가지자. 학습할 시간이 없으면 e-learning을 통해서라도 창조력을 배워 보자.

모듈 1

이것이 **창조력**이다

– 정의

창조력이란?

내가 생각하는 창조력이란 무엇인가?

I. 나는 창조적이라 생각하는가?
그렇다면 나의 어떤 면이 창조적이라고 생각하는가?

II. 내가 창조적이 아니라고 생각한다면,
왜 그렇게 생각하는가?

창조력이란 무엇인가?

첫째, 창조력은 변화를 만드는 것이다.

1. 변화를 만들기 위해서는 긍정적 생각이 그 바탕을 이루어야 한다.
2. 꿈과 비전을 향해서 두렵지만 도전하는 자세가 창조력의 근본이다.
3. 창조력은 끝없는 상상력을 요구한다. 공상도 좋으니 생각의 나래를 펴야 창조력이 발휘된다.
4. 자기가 좋아하고 즐겨하는 분야에서 창조력이 발휘된다.

P·O·I·N·T

***변화를 위한 창조력**

과거와 동일한 것, 반복되고 되풀이 되는 것은 창조력이라고 말하지 않습니다.
새롭고, 다르고, 무엇인가 없는 것을 발상하고 만드는 것이 창조력이라면, 이를 위한 자양분은 바로 '긍정적 마음, 자세' 입니다. 부정적 자세, 비관적 자세, 파괴적인 비판은 결코 창조적 발상을 잉태하지 못합니다. 그대신 꿈과 희망이야 말로 창조력이 자라는 토양이라고 할 수 있습니다.

즉 비전이 없는 사람은 창조적인 사고에 도전하지 못하고 단지 두려움만 가질 따름입니다.

상상력은 창조력의 가장 좋은 영양소입니다.
'꿈꾸는 자유' 를 가진 유일한 동물인 인간만이 창조력을 발휘할 수 있는 것입니다.

둘째, 창조력은 내 속에 있고 나의 내면에서 나온다.

[왜 사람들은 긍정적이고 유용한(Good & Useful) 아이디어를 발상하지 않는가?]

1. 대부분의 사람들은 창조력에 대한 무한한 잠재력을 가지고 있다. 이는 개인 내부에 거인(巨人)이 잠자고 있는 것과 같다.

2. 창조력 학습은 이처럼 우리 내면에서 잠자는 창조력이란 거인을 실타레 풀듯이 한 올 한 올 풀어내는 것이다.

3. 긍정적이고 유용한(Good & Useful) 아이디어를 발상하여 이를 행동으로 옮기는 것은 재미있다. 또한 창조적 발상과 행동은 실제 작은 것부터 시작해 보는 것이 가장 중요하다.

P·O·I·N·T

***나의 내면에서 나오는 창조력**

누구에게나 존재하는 창조력, 그러나 사람들은 단지 이를 접근하는 스킬을 모를 따름입니다.
우리는 내면에 큰 거인을 가지고 있습니다.
이것은 잠자는 거인으로, 어떻게 이를 깨울 것인가가 가장 큰 과제입니다.
그렇다면 내면에 있는 무한한 잠재력을 일깨우기 위해서는 어떻게 해야 할까요?

우선 스스로에게 동기를 부여할수 있어야 하고, 그 다음으로 '방법, 방안'을 학습해야 합니다.
창조력 프로그램에서는 이것을 창조력 개발의 스킬 및 테크놀러지라고 말합니다.

셋째, 창조력은 미래 성장, 자기 발전 그리고 나의 꿈 실현과 연결된다.

[나는 내 자신의 미래를 어떻게 만들 것인가?]

1. 창조력은 미래를 먹고 자란다. 꿈, 희망, 비전을 가진 사람은 창조적 발상이 샘솟는다. 왜냐하면 미래는 우리를 끌어가는 마력을 가지고 있기 때문이다.

2. 현재의 여건이 어려워도 더 나은 내일, 더 나은 다음 달, 그리고 더 나은 내년을 생각하라. 그러면 밝고, 희망에 차고, 꿈이 가득한 창조적 미래가 펼쳐 질 것이다.

창조력에 대해 올바르게 이해하는 것이야 말로 창조력을 발휘하는 첫걸음이다.

P·O·I·N·T

＊미래를 생각하지 못하는 사람은 창조력을 발휘하지 못한다.

창조력의 자양분은 꿈, 희망 그리고 미래입니다. 개인 비전을 개발하는 것은 창조력이 도달하는 궁극적인 목표를 만드는 것입니다. 미래 지향적인 사람이야 말로 희망에 차고, 밝으며 마침내 더 많은 것을 성취할 수 있습니다.

"창조력에 대해 올바르게 이해하는 것이야말로 이를 발휘하는 첫걸음입니다."

창조력의 정의

본 과정에서는 창조력을 행동과학적 접근하며, "창조력이란 긍정적이고 유용한(Good & Useful) 아이디어를 발상하고 이를 개인차원에서 실천하는 것" 이라고 정의하면서 출발한다.

개인 창조력을 구성하는 3가지 요소

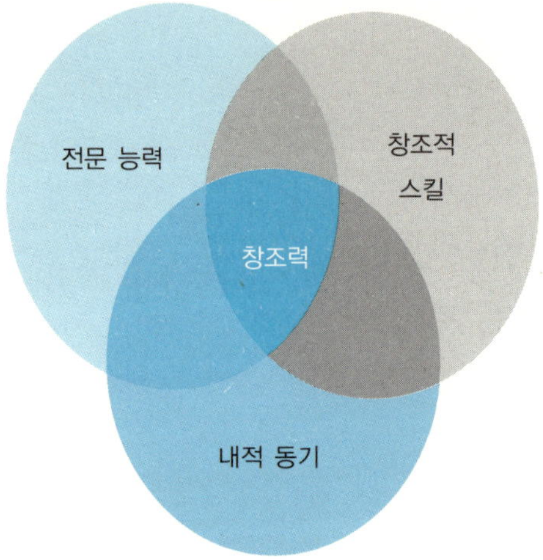

P·O·I·N·T

행동과학적으로 창조력을 정의하고 접근하는 모델은 본 과정에서 추구하는 접근법입니다.

그 이유는 "Good to Know"가 아니라 창조력을 "How to Create," "How to Implement"가 이 프로그램이 지향하는 궁극적인 목표이기 때문입니다.

여기서는 해당분야에 전문성 / 새로운 것을 추구하는 내적 동기 / 창조력에 도달하는 Skill 및 Technology 이상 3가지를 바탕으로 접근합니다.

TIP 창조력이란?

사람들은 창조력을 신비롭게 생각하거나, 특이하게 생각하는 경향이 있다.

창조력에 대한 학문적 견해 소개

1. "창조력은 변화를 만드는 것이다. 즉 변화를 시키고자 하는 노력 자체가 창조력이다." (Harvard Business School, John, Kao교수)

2. 창조력은 긍정적이고 유용한(Good & Useful) 아이디어를 발상하는 것을 말한다. 따라서 부정적이거나 유용하지 못한 아이디어 발상은 창조력 범주에 넣지 않는다.

   (Center for Creative Leadership, 행동과학적 정의)

3. 미래를 생각하고 준비하는 단계에서 창조력이 발휘된다. 과거나 현재를 중심으로 사고하는 경우에는 창조력은 물 건너 간다. (미래학자, Peter Schwartz)

4. "창조력은 새로운 것을 사고하는 것이다. 그러나 혁신력은 이것을 행동으로 옮기는 것이다." (HBS, Professor Theodore Leavitt)

5. "창조력은 이슈 및 주제를 파악 및 설정하고, 이질적 정보를 조합 및 통합하여, 개인 및 사회를 위해서 가치를 만드는 것이다." (Dr. M. Takahashi)

모듈 2

당신은 왜 **창조력**을 개발해야 하는가

창조력의 필요성 – 개인적인 측면

창조력의 필요성 – 환경과 비즈니스

창조적 조직과 인재

창조력의 필요성 – 개인적 측면

개인 창조력 – 무엇이 이것을 요구하는가?

- 오늘날 우리가 사는 세상이 바뀌었다.
- 과거의 Local 수준이 Global수준으로 바뀌었다.
- 무식하면 창조력을 발휘할 수 없다.
- 요구되는 핵심 역량이 달라지고 있다.

창조력의 필요성 – 개인적 측면

오늘날 우리가 사는 세상이 바뀌었다.

한국은 IMF를 겪고 또 OECD에 가입하고, FTA를 체결하면서 과거와는 엄청나게 달라졌다. 나아가 앞으로는 더욱 빨리 달라질 것이다.

그 결과 그저 "열심히 일하면…" 회사 및 조직이 개인을 책임져 주던 시대는 서서히 종식되고 있다.

따라서 지금까지 해 오던 방식을 가지고는 더 이상 경쟁할 수가 없다.

여기에는 개인, 팀, 기업 그리고 국가도 예외가 아니다.

과거의 Local 수준이 Global수준으로 바뀌었다.

21세기에 들어서면서부터 한국도 Globalization이 가속화되고 있다. 예를 들어, 국내 굴지 기업들에 대한 외국인 투자 지분이 얼마나 증가되고 있는가? 또 얼마나 많은 회사의 주식에 외국인들이 투자하고 있는가? 나아가 해외로 진출하지 아니한 국내기업을 찾기란 하늘의 별따기처럼 어렵다.

그 결과 기업들이 하는 Business 영역은 더 이상 Local 수준에 머무르지 않는다. 이제는 해외 시장이 로컬 시장보다 규모 면에서 훨씬 더 커졌고 앞으로는 더욱 그럴 것이다.

무식하면 창조력을 발휘할 수 없다.

개인이 그저 '열심히 또 충실히' 자기 직무에 임하는 것만 가지고는 더 이상 경쟁하지 못한다.

왜냐하면 변화된 시대에는 '새롭고, 다르게 그러면서도 유용하게' 자신의 직무를 수행하는 것이 요구되기 때문이다. 새롭고 다른 아이디어를 발상하고 또 이를 실천하려면 관심, 열정 그리고 끝없이 쇄신되는 지식이 필요하다.

왜냐하면 무식하고 무지하면 창조력을 발휘할 수가 없기 때문이다.

요구되는 핵심 역량이 달라지고 있다.

변화된 시대에는 이문화 이해 역량, 외국어 구사 역량, 커뮤니케이션 역량 등을 창조적 역량과 함께 가지는 것이 필요하다. 이같은 핵심 역량은 과거에는 그렇게 중요하게 고려되지 않았다.

미래에 대한 준비를 하기 위해서 창조력은 필요하다.

● 과거보다 더 나은 현재, 그리고 현재 보다 더 나은 미래를 창조하고자 하는 사람

● 미래는 주어지는 것이 아니라 만들어지는 것

내가 주도권(Initiative)를 잡아서
미래를 만들어야 그것이 나의 미래이다.
만일 이것을 남이 만들어서 준다면,
나는 그의 노예일 따름이다.

미래 창조는 만들어야 하는 것이고,
내가 미래를 조명하고 또 사고해야 시작할 수 있는 것입니다.

P·O·I·N·T

*매일 매일 똑같은 것을 반복하는 사람에게 창조력은 낯설고 친숙하지 못한 패러다임입니다.
그리고 자신의 과거 및 현재만 생각하는 사람은 미래에 대한 준비를 하지 못하게 됩니다.
미래 창조는 만들어지는 것이고, 내가 미래를 조명해야 시작할 수 있는 것입니다.

창조적 사고는 신화나 미스터리가 아니다.

- 일상생활에서 느끼는 불편함, 편리함 추구, 조금 더 낫게 하고자 하는 의지 등이 창조력의 근간이다.

- 내 주변에서 조금만 변화시키면 좀더 편리해질 수 있는 것은 무엇인가?

P·O·I·N·T

＊창조적 사고는 뿔이 나고, 얼굴이 붉은 이상한 모습의 사람들만 하는 것이 아닙니다.

- 자기 주변에 있는 작은 일을 좀더 다르게 해 보고 싶은 마음
- 불편함을 제거하고 싶은 마음
- 조금 더 편리해질 수 있는 방법을 찾는 마음에서 출발하는 것입니다.

창조력 발휘는 자기 실현을 위한 것이다.

즉 내가 이 세상에 태어나서 무엇을 남기고 싶은가야말로

창조력을 발휘하는 궁극적인 목표에 해당되는 것이다.

- Abraham Maslow -

창조력의 필요성 – 환경과 비즈니스 1

주변 국가들에서 한국인이 창조적으로 되기를 강요한다.

아시아에서 가장 깨끗하고 재미없는 나라인 싱가포르가 창조적으로 바뀌기 시작하였다.

즉 재미없는 나라로서는 외국 기업의 신규투자도 유치할 수 없을 뿐만 아니라 기존에 투자한 기업을 머물게 할 만한 매력을 상실하기 때문에, 정부주도로 재미있는 도시 국가, 활력있는(exciting) 도시 국가, 그리고 흥분되고 놀기 좋은 도시 국가로 변신하자고 싱가포르 수상이 주창하고 있다. 이처럼 국가차원의 창조적 발상은 어디에서 나오는 것일까?

중국이 세계 제조업 공장으로, 인도가 세계 IT 및 소프트웨어 메카로 점차 자리 잡고 있는데 한국은 어디에 있을(Positioning) 것인가? 국가는 추상적 개념이기 때문에 자발적인 행위(action)를 할 수가 없다. 따라서 살아있는 유기체인 한국인 한 사람 한 사람이 새롭고 다르게 창조적으로 바뀌지 않으면 이들과 경쟁은 점차 어려워질 것이다.

일본이 10년 간의 거품(버블) 경제에서 벗어나 새롭게 진군하고 있다.

'물건 만들기'에 신명을 바치는 이들과 경쟁하려면 그 유일한 방안이 새롭고 다르게 발상하는 창조력이다.

미국 및 유럽 각국도 현재 창조력을 핵심 키워드로 정하고 한 걸음 한 걸음 정진하고 있다.

이처럼 창조력은 선택이 아니라 한국인이 지속적으로 존속하기 위한 당위성이고 또한 솔렌(Sollen)이다.

창조력의 필요성 – 환경과 비즈니스 2

기업이 왜 Blue Ocean을 찾아야 하는가?

경쟁의 격화

세계화(Globalization)의 가속화

새롭고 다른 것에 대한 시장의 요구

어떻게 Blue Ocean에 도달할 수 있을까?

우리 조직 구성원들의 잠자는 창조력을 깨우자!

P·O·I·N·T

*기업이 블루 오션을 찾는 것은 모두가 꿈꾸는 이상입니다. 그런데 왜 블루 오션을 찾아야 할까요?

- 경쟁의 격화 / – 세계화(Globalization)의 가속화 / – 새롭고 다른 것에 대한 시장의 요구가 생겼기 때문입니다.

*그러면 우리는 어떻게 이 블루 오션에 도달할 수 있을까요?

- 태평양과 같이 넓고도 넓은 대양에서 어디가 블루 오션인지를 찾으려 할 때 이를 안내할 해도(海圖)는 없습니다.
- 만일 그래도 도움을 받을 것이 있다면 '우리 조직을 구성하는 구성원들의 잠자는 창조력'이야 말로 바로 그 해도(海圖)입니다.

구분		
개인	나는 현재 상태를 좀더 낫게, 발전적으로, 또한 다르게 만들어야 되지 않는가?	불확실한 미래에 대한 준비
조직	우리가 지금과 같은 방법으로 업무를 추진해도 지속가능성(Sustainability)을 가질 수 있을까?	우리회사가 미래에도 살아 남을 수 있을까?
사회	가속화되고 있는 세계화(Globalization)에 한국 사회는 얼마나 잘 대비하고 있는가?	국제 무대에서 다른 나라들과 어깨를 나란히 하고 경쟁을 할 준비가 되어 있는가?

P·O·I·N·T

* 개인적으로 창조력이 필요한 이유는 불확실한 미래에 대한 준비에서 출발합니다.
  - 나는 현재 상태를 좀더 낫게, 발전적으로, 또한 다르게 만들어야 되지 않는가? 그렇다면 이것을 실현시키기 위한 조직적, 사회적 요구는 무엇일까요?
* 먼저 조직적 요구로는
  - 우리가 지금과 같은 방법으로 업무를 추진해도 지속가능성(Sustainability)이 있을까?
  - 즉 우리회사가 미래에도 살아 남을 수 있을까?에 대한 것입니다.
* 다음으로 사회적 요구는
  - 가속화되고 있는 세계화(Globalization)에 한국 사회는 얼마나 잘 대비하고 있는가?
  - 국제 무대에서 다른 나라들과 어깨를 나란히 하고 경쟁을 할 준비가 되어 있는가?라는 것입니다.

창조적 조직과 창조적 인재

기업이 지속가능성(Sustainability)을 가지기 위해서는 어떻게 해야 하는가?

끝없이 진화해야 한다는 것

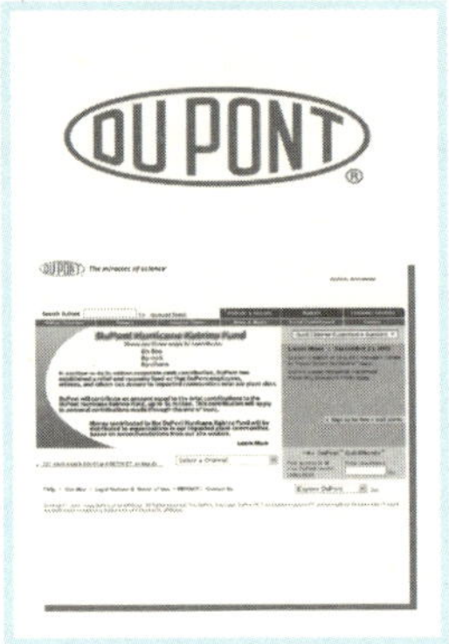

P·O·I·N·T

*기업이 지속가능성(Sustainability)을 가지기 위해서는 어떻게 해야 합니까? 거기에 대한 대답은 '끝없는 진화'입니다.

이를 잘 실천하고 있는 초일류 기업으로 GE, 듀퐁, IDEO, 3M과 같은 세계적인 회사들이 있습니다. 이들은 창조적 공간을 만들고, 창조적 인재를 육성함으로써 레드 오션의 치열한 경쟁 상태에서도 지속적 성장을 유지하고 있습니다.

창조적 문화를 지니고 있는 조직은 그렇지 않은 조직과 어떤 차이가 있을까?

시도를 고무해 준다.

(Encourages Trials)

실패를 용인하고 나아가 실패를 축하해 준다.

(Celebrate Mistakes)

➤ 왜냐하면 실패를 처벌하면 시도 자체가 사라지기 때문!!

리더는 조직 문화가 창조력을 암살시키지 않도록 부단한 노력을 기울인다.

일상적 업무와 창조적 업무를 비율제로 하여 항상 미래를 준비하게 한다.

(3M은 연구원에게 자기 근무시간의 10~20%를 창조적 업무에 종사할 수 있도록 허용하고 있다.)

창조적 인재는 호기심이 풍부한 사람, 불편함을 개선하고자 하는 사람,
남들과는 조금이라도 다르게 해 보고 싶은
욕망을 가진 사람들이라고 할 수 있습니다.
그렇다면 창조적 인재를 키우는 창조적 조직문화란 어떤 것일까?

이들에게 방법, 길, 스킬을 제공하는 것

실패해도 괜찮다는 분위기를 만들어 주는 것

자기분야에 대한 전문성 확보 및 인접 분야에 대한 전문성을 확대하도록 고무시키는 것

비창조적인 문화를 지니고 있는 조직에서는 창조적 개인이 나타날 수 없을까?

그런데 창조적 조직문화만이 창조적 인재를 키워나갈 수 있을까?
비창조적 조직에서는 창조적 개인이 나타날 수 없는 걸까?

조직이 창조력을 수용하고, 고무시키는 문화를 지니고 있는 것이 개인 창조력 개발에 우호적인 것이 사실이다.
그러나 드문 경우이지만 비창조적 조직에서도 개인 창조력을 발휘하는 사례가 있다.

그것은 개인이 가진 '내적 동기'가 어떤 다른 방해 요소보다 더 크기 때문에 가능한 것이다.

청색 발광 다이오드(LED)를 발명한 슈지 나까무라(Shuichi Nakamura)야말로 이에 대한 대표적인 사례에 해당된다.

창조적인 조직 문화를 만드는 것은 최고 경영자의 몫입니다.

그러나 개인이 창조적으로 되는 것은 개인의 몫입니다.

개인이 내적 동기를 유발하여 창조력을 발휘한 결과, 조직이 창조적으로 바뀐다면 이것은 창조력의 선 순환이 되는 것입니다.

반대로 창조적 조직에 근무하는 개인이 개인 창조력을 발휘하여 조직이 좀더 창조적으로 바뀐다면, 이것 역시 창조력의 선 순환이라고 할 수 있습니다.

따라서 개인이 창조력을 발휘함으로써 비창조적 조직을 변화시키는 것은 선 순환 모델로 바꾸는 방안입니다.

개인 창조력을 잘 발휘하기 위해서는?

개인이 창조적으로 변화하려면, 변화하지 않는 영역을 먼저 찾아야 한다.

– 세상이 아무리 변해도 변하지 않는 것이 있다. 이것은 나의 '정체성(Identity)' 이고, 나의 비전(Vision)과 존재 이유인 소명(Mission)이다.
– 따라서 창조적으로 변화하기 위해서 "내가 누구인가?" "내가 미래에 달성하고자 하는 것이 무엇인가?"
그리고 "나는 왜 존재하는가?" 등과 같은 심층적 질문을 해 보자.

개인적인 변화는 어렵다. 이런 경우 팀이나 그룹내의 구성원들의 도움을 받아야 한다.

– 혼자서 금연하기는 대단히 어렵다. 따라서 사람들은 가족, 친구, 동료들의 도움을 받는다.
– 창조력 발휘는 개인에게 지금까지 익숙했던 '안락한 영역'(Comfort Zone)을 벗어나기를 요구한다.

이는 낯선 지역으로 이사가는 것과 비슷하다. 개인 창조력을 발휘하기 위해서는 개인도 중요하지만 주변사람들과 환경의 도움을 받는 것이 필요하다.

모듈 3

무엇이 **창조력**을 억누르는가

– 창조력 암살 요인 탐구

창조력 암살 요인과 창조력 발산 요인

- 조직에 창조력을 살리는 발산 요인이 더 많은가 그렇지 않으면 암살 요인이 더 많은가.
- 이것은 조직 문화에 좌우된다. 나아가 최고 경영자의 리더십과 직접 관계되는 것이다.
- 다음에 제시되는 구체적인 요인들이 우리 조직과는 어떤 관계가 있는지 개별 학습을 해 보자.
- 만일 암살 요인이 더 지배적이라면 조직구성원 한 사람 한 사람이 참가하여 이것을 바꿀 수 있다.
- 케이스 스터디 자료를 활용하여, 조직을 창조적으로 변화시키는 데 동참하자.

창조력 암살 요인 탐구

"내가 낸 아이디어가 사람들의 지지를 못 받으면 어떻게 하지? 쪽 팔리잖아..."

[개인 차원 암살 요인 1] **논쟁이 꺼려지고 의견이 묵살당할까 두렵다**

"난 정말 열정적으로 해 보려 했어. 하지만 상황이 도와 주지 않는군...."

[개인 차원 암살 요인 2] **장애 요인 앞에서는 의지 및 열정이 꺾인다**

"이게 가장 적합한 방법이다. 다른 방법으로는 해결이 안 돼."

[개인 차원 암살 요인 3] **자부심이 너무 강해서 창조적인 발상을 하지 못한다**

"지금은 창조적인 생각을 할 여유가 없어. 당장 닥친 문제를 잘 해결해야지.."

[개인 차원 암살 요인 4] **창조적으로 생각하는 시간이 부족하다고 호소한다**

"또 엉뚱한 소리하는군..."'

[조직 차원 암살 요인 1] **폐쇄적이고 비판적인 분위기**

"선례도 없는데, 예외케이스를 만드는 건 관례상..."

[조직 차원 암살 요인 2] **경직되고 형식적인 규칙이나 관행을 지나치게 강조하는 조직**

[기타 암살 요인]

"내가 낸 아이디어가 사람들의 지지를 못 받으면 어떻게 하지? 쪽 팔리잖아…"

[개인 차원 암살 요인 1] 논쟁이 꺼려지고 의견이 묵살당할까 두렵다

사람들이 일반적으로 논쟁을 기피하는 이유는 어떤 연유에서든 다른 사람들과 껄끄러운 인간관계인 반목 상태에 처하는 것을 부담스러워 하기 때문이다.

그런데 이처럼 혹시 생길 수도 있는 의견 대립 및 불일치 그리고 이를 통한 갈등을 부담스러워해서는 다른 구성원들과 아이디어를 공유하고 또 함께 평가해야 하는 창조력 발휘가 어렵다.

생산적이고도 창조적인 논쟁을 즐길 수 있으려면 무엇보다 '의견 대립 및 갈등'이란 필연적으로 발생할 수밖에 없다.

이 같은 과정이야말로 '조직이 추구하는, 탁월한 성과를 창출하는 데 기여하는 것'이라는 마음으로 이에 좀 더 적극적으로 대처할 수 있어야 한다. 즉 상대방의 마음이 상할까 두려워서 또는 눈치 보느라 반대 의견을 내세우지 못해서는 곤란하다. 나아가 꼭, 'No'라는 대답이 필요할 때는 'No'라고 말할 수 있는 용기도 있어야 한다.

또한 반대나 비판이 있어도 이를 충분히 감수하고 용기 있게 또 예의 바르게 자신의 의견을 당당히 내세울 수 있어야 한다. 이렇게 하면 반론에 사기가 꺾이지 않고 자기 아이디어를 말 할 수 있으며 이를 위한 배짱도 가질 수 있다.

개인 암살 요인 1

개인 암살 요인 2

개인 암살 요인 3

개인 암살 요인 4

조직 암살 요인 1

조직 암살 요인 2

기타 암살 요인

창조적인 조직으로 잘 알려진 3M과 같은 회사의 구성원들은 이러한 갈등 상황에 대한 내성이 높을 뿐더러 자신의 주장을 내세우고 상대방의 의견을 조목조목 평가하는 데서 발생하는 의견 대립 및 갈등을 당연한 것으로 여긴다.

따라서 논쟁이 벌어지면 의견 충돌로 인해 때로는 살풍경이 벌어지지만 결론적으로는 최고의 아이디어를 발굴할 수 있다고 한다.

주의해야 할 점은 논쟁 과정에서 발생하는 이러한 갈등이 개인적인 다툼이나 감정적 갈등으로 비화되지 않도록 해야 한다는 사실이다. 업무상 의견 차이에 따른 갈등과 달리 상호간 감정적 갈등으로 인해 마음이 상해 버릴 경우, 아이디어 창출은 고사하고 향후 논쟁에 임하려는 의지 자체를 꺾어 버릴 수 있기 때문이다.

감정적 갈등을 최소화하기 위해서는 우선 상대방의 의견을 경청하는 자세가 필요하다.

내담자 중심 상담이론과 기법을, 나아가 현대의 '코칭 이론'을 체계화한 상담심리학의 대가 칼 로저스는 경청이야말로 가장 효과적인 논쟁법이라고 강조한다.

즉 상대의 입장에 서서 그가 하는 말을 적극적으로 경청하면, 말하는 사람의 자세, 의견, 그리고 태도조차도 변화할 수 있다는 것이다.

이와 반대로 주의를 기울이지 않거나 중간에 말을 끊어 버릴 경우에는, 상대방은 자신을 무시한다고 느낄 뿐만 아니라 심한 경우에는 적대감까지 가질 수 있다는 것이다.

이렇게 되면 원활한 토론이 이루어지기 어려운 것은 당연한 일이다. 그러므로 토론에 임할 경우, 상대방의 의견 중 이해가 가지 않는 부분에 대해 질문을 하는 것, 의견을 말하는 동안 눈접촉(eye-contact)을 하는 행동 등과 같은 관심을 보임으로써 상대방에게 내가 자신의 의견을 제대로 듣고 있음을 알려 주는 것이 필요하다.

또한 상대방의 의견에 대해서 제대로 피드백(feedback)하는 기술은 대단히 중요하다. 상대방 개인에 대한 피드백이 아니라 상대방이 낸 의견, 즉 사실에 초점을 맞추어 피드백을 하는 것이 필요하고 이것과 관련해서 자신의 의견을 표현해야 하는 것이다.

따라서 어떤 사람이 제시한 아이디어에 대해서 '그건 말도 안돼, 이론적으로 얘기해 봐야 도움이 안 되잖아'라고 말하는 대신에 조금 더 구체적으로 얘기해 주는 것이 필요하다. 즉 "그 아이디어가 실행 가능하게 되려면 구체적으로 이것과 저것이 필요할 것 같은데"라고 피드백 하는 것이 그 예에 해당된다.

"난 정말 열정적으로 해 보려 했어. 하지만 상황이 도와 주지 않는군...."

[개인 차원 암살 요인 2] **장애 요인 앞에서는 의지 및 열정이 꺾인다**

창조력이 가지고 올 수도 있는 성과는 끊임없이 목표를 추구하는 사람의 몫이다. 따라서 창조적 인재란 자신의 아이디어를 구체적으로 실행에 옮기는 데 끊임없는 열정을 가진 사람이다.

흔히 창조성을 언급할 때 사람들은 번뜩이는 아이디어를 제시하는 능력에 국한하여 말하는 경향이 있다.

그런데 아이디어만 있고 이것이 실행으로 옮겨지지 않는다면 무슨 의미가 있는가?

특히 조직에서 창조성을 중시하는 이유는 그 실현 가능성에 무게와 비중을 두기 때문이다. 아무리 좋은 아이디어라도 실현되지 않고 사장된다면, 애초에 만들 필요조차 없을 것이다. 또한 아무리 좋은 아이디어라 할 지라도 아이디어를 창출해 낸 당사자가 끊임없는 관심을 기울이지 않으면 그것은 어느 순간 소리 소문 없이 사라질 가능성이 크다.

그 이유는 실행 과정에서 여러 가지 장애와 난관에 부딪힐 경우, 아이디어 창출자 본인이 아닌 바에야 애착을 가지고 문제 해결을 위해 심혈을 기울일 만한 사람은 많지 않기 때문이다.

그러므로 진정한 창조적 인재란 아이디어 창출은 물론, 어미 새가 알을 품어 부화시키듯 자신의 아이디어에 책임감을 가지고 구체화될 때까지 지속적인 관심과 노력을 기울이는 사람이라 할 것이다.

동일한 맥락에서 '역발상의 법칙(Weird Ideas That Work)'의 저자인 미국 스탠포드 대학 교수 로버트 서튼은 조직 내 다양한 창조적 노력이 실제 성과로 구현되기 위해서는 상사가 개발을 그만두라고 명령하는 경우에도 몰래 숨어서라도 아이디어를 제품화하는 데 주력하는 열정적인 인재가 필요하다고 말했다.

한 예로 일본의 악기 제조 회사 Yamaha의 관리자인 아사히의 경우를 보자. 아사히는 '빛나는 기타'라는 새로운 제품을 고안하여 영업부와 개발부에 제안했으나 '이게 무슨 악기냐'는 말만 듣고 거부당했다. 그러나 아사히는 자신의 아이디어를 포기하지 않고 인터넷 판로를 개척하고, 샘플을 생산하기 위해 상사를 설득하는 등 동분서주하여 마침내 상품화하는 데 성공하였다.

결국 이렇게 만들어진 '빛나는 기타'는 업계 최고의 히트 상품으로 자리매김하며 Yamaha의 명성을 높이는 데 기여하였다고 한다.

사람의 열정을 가장 빨리 식게 하는 요인 중 하나는 절망과 포기다. 자신의 아이디어를 실현하기 위해 열정을 가지고 끝까지 추구할 수 있으려면, 강력한 자신감을 바탕으로 '실패쯤이야… 다시 다른 방법으로 해 보면 되지'라며 가볍게 넘겨버릴 수 있어야 한다. 장애에 직면해도 끝까지 관철하는 창조적 인재는 대체로 낙천적 성향(Optimism)을 가진다.

이는 비관성(Passimism)과는 비교되는 심리학적 개념으로, 일어나는 결과에 대해서 너무 슬퍼하지 않고, 실패의 원인을 자기 자신 탓으로 돌리기보다는 환경 및 다른 제3의 요인으로 돌리는 유형이다.

같은 실수를 반복하지 않도록 실패 원인을 학습한 후 다시 새로운 도전을 하면 되는 것이다. 2007년도 세계 랭킹 1위가 된 자동차 메이커인 도요타를 일으킨 도요타 쇼이치로 회장은 자기인생은 실패의 연속이라고 말하면서 자신은 끝없는 도전을 했다고 밝히고 있다. 혼다 자동차 창업주인 혼다 소이치로는 '성공이란 99%를 차지하는 실패를 통해 얻을 수 있는 1%의 결과'라고 말하며 새로운 시도를 통해 성과를 얻어내는 데 실패는 필수불가결한 것이라고 지적한 바 있다.

새로운 아이디어를 구체적인 성과물로 전환하는 것이 결코 쉬운 일은 아니지만, 7전 8기라는 말이 있는 것처럼 실패를 두려워 하지 않고 끊임없이 도전할 때 성공의 열매를 거둘 수 있을 것이다.

"이게 가장 적합한 방법이다. 다른 방법으로는 해결이 안 돼."

[개인 차원 암살 요인 3] **자부심이 너무 강해서 창조적인 발상을 하지 못한다**

자신의 생각이나 지식에 대해서 지나치게 자부심과 확신을 가지고 있기 때문에 다른 가능성을 탐색하려 들지 않는다. 이는 불확실하고 애매한 여러 가지 가능성 보다는 기존의 알고 있는 지식을 중심으로 신속하고도 재빠르게 정답을 얻고자 추구하는 것을 말한다.

해당 분야에 대한 전문성이 오히려 새로운 발견에 방해가 되는 경우가 있다.

이 경우는 기존의 사고 방식과 과거의 가설에서 벗어나기가 힘들다.

Harvard Business Review에 실린 Case Study 논문에 의하면 최고 경영자가 오늘에 이르게 된 바로 그 성공체험이 결국은 실패를 하도록 만들게 된다는 것이다. 즉 과거에 그렇게 해서 오늘날에 이르렀는데 그렇게 하면 되지 무슨 다른 방법을 자꾸 제안하느냐라는 강한 고집 때문에 스스로 몰락의 함정에 빠져 버린다는 것이다.

개인 암살 요인 1
개인 암살 요인 2
개인 암살 요인 3
개인 암살 요인 4
조직 암살 요인 1
조직 암살 요인 2
기타 암살 요인

IBM의 예가 대표적이다. 대형 컴퓨터의 제왕인 IBM은 고객의 요구가 소형 PC, 개인용 PC로 이동하고 있음에도 불구하고 자신의 방식을 고집하여 90년대 위기를 자초하게 되었다.

그 반대의 예가 Intel의 사례이다. 즉 앤디 그로브 회장이 Intel의 주력업종인 DRAM을 포기하고 마이크로 프로세서 개발에 성공한 것이 그 예이다. 국내 기업의 경우도 마찬가지이다. 즉 한 번 성공한 방식은 점차 하나의 모델이 되면서 모든 문제를 그 방식대로 해결하고자 굳어지게 되면 창조적인 발상을 하기가 점점 어려워지는 경우를 자주 볼 수 있다.

마이크로 소프트 창업자 빌 게이츠는 "성공은 어설픈 교사다. 왜냐하면 현명한 사람들이 자신에게 실패란 없다고 확신하게 되기 때문"이라고 주장하면서 성공을 통해 얻게 되는 자만심이야 말로 가장 위험한 것이라 경고하고 있다.

"지금은 창조적인 생각을 할 여유가 없어. 당장 닥친 문제를 잘 해결해야지.."

[개인 차원 암살 요인 4] **창조적으로 생각하는 시간이 부족하다고 호소한다**

누구에게나 주어진 시간은 같다. 창조적인 사고를 하는 사람들도 똑같은 24시간 중에서 그 시간을 빼낸다. 그러나 이들은 창조적 발상을 즉각적으로 하는 것이 습관화되어 있다. 예를 들어 산더미같이 쌓인 통나무들을 자르고 있는 나무꾼은 그 나무들을 자를 수 있는 창조적인 방법은 없을까 하고 궁리할 시간적 여유가 없다고 느낄 것이다. 왜냐하면 어쨌든 빨리 잘라야 하니까. 그리고 다른 일도 해야 하니까.

사실 대부분의 사람들은 이 나무꾼과 같다. 그들은 자기들의 창조적 잠재 능력을 연마하거나, 훈련시켜서 그것을 이용하여 좀 더 다르고 효율적으로 일할 수 있는 방안을 찾는 약간의 과외 시간조차 투자하기를 꺼린다.

개인 암살 요인 1
개인 암살 요인 2
개인 암살 요인 3
개인 암살 요인 4
조직 암살 요인 1
조직 암살 요인 2
기타 암살 요인

미국 자동차 왕인 헨리 포드가 이렇게 말했다.

"생각을 많이 하면 할수록, 그 만큼 더 시간을 많이 버는 것이다."

LG 그룹의 신임 CEO 한 사람은 창조적 조직문화를 만들기 위하여 여러 가지 시스템을 만들었다. 그 중 하나는 1장짜리 보고서 문화이다. 보고서를 멋있게 꾸미고 그럴싸하게 포장하는 것이 매우 중요하다고 생각해 오던 조직원들의 사고에 혁신을 가지고 온 것이다. CEO는 조직원들에게 "보고서 미화에 들어가는 시간 대신에 더 많은 생각을 하라. 또 새로운 관점으로 생각을 하라. 그 생각들이 숙성되면 그것을 단 1장으로 간단하게 요약하여 보고하라"라고 하면서 새로운 패러다임을 제시하였다.

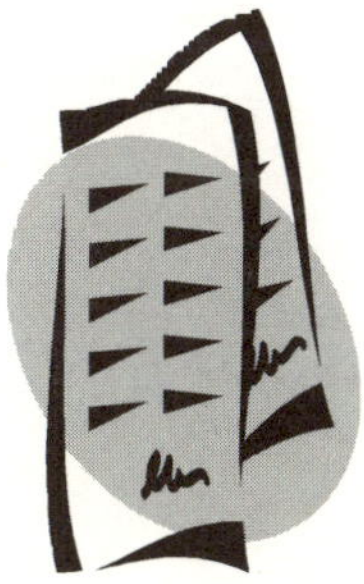

"또 엉뚱한 소리 하는군..."

[조직 차원 암살 요인 1] **폐쇄적이고 비판적인 분위기**

튀는 사람, 엉뚱하고 또 기발한 발상을 하는 사람인 이재(異才)에게 관대하지 못하고 그 사람을 왕따시키거나 얕보는 분위기.

현실적으로 가능성이 없어 보이는 의견을 제시하면 그것을 무조건 엉뚱한 것이라고 몰아 붙이기 때문에 새로운 시각으로 받아들이지 않는 조직 분위기 및 풍토.

폐쇄적이고 비판적인 분위기를 가진 조직이 되는 원인을 곰곰이 살펴보면 리더를 포함한 구성원들이 실패를 두려워하고, 완벽을 추구하는 경향이 있다. 또한 항상 현실적으로 실현 가능한 구체적인 방법을 중요시하기 때문에 과거에 시도해 보지 않은 새로운 아이디어는 무조건 거부하기 마련이다.

어느 경영컨설턴트의 이야기는 시사하는 바가 크다.

유통업계 한 회사에 대한 조직진단과 처방을 의뢰 받은 이 컨설턴트가 진단을 위한 인터뷰를 계층별로 실시하면서 특징적인 사실을 발견하게 되었다. 즉 리더나 관리층은 자신의 조직이 폐쇄적이거나 비판적인 풍토라는 것을 전혀 느끼지 못하고 있다는 사실이다.

나아가서 아이디어 발상과 관련해서는 말도 안되고 실행 불가능한 엉뚱한 의견을 왜 받아들여야 하느냐고 강한 반문을 하는 정도였다.

이 회사의 리더 및 관리자층은 좀 더 실행 가능하고 정말로 참신한 아이디어를 제안하는데 누가 면박을 주고 왕따를 시키겠느냐고 주장하였다. "이것은 물론 반은 맞는 이야기지만, 창조적이고 아이디어가 넘치는 조직풍토는 엉뚱한 아이디어도 서슴 없이 주고 받을 수 있는 단계가 되어야 가능하다는 조직 문화의 기본을 놓치고 있는 것이 아닌가."라고 말하는 컨설턴트의 마지막 소감은 의미심장하다.

"선례도 없는데, 예외케이스를 만드는 건 관례상…"

[조직 차원 암살 요인 2] **경직되고 형식적인 규칙이나 관행을 지나치게 강조하는 조직**

창조적인 아이디어와 새로운 시도를 규정과 관행을 이유로 거부하는 분위기.

의사결정의 회의나 보고석상에서 창조력을 암살하는 표현들이 많다.

이 같은 경우 조직에 나타나는 부정적인 현상으로는 상사가 일단 아이디어를 비판 및 평가하면, 구성원들은 결코 다시 아이디어를 내지 않는다는 것이다.

개인 암살 요인 1
개인 암살 요인 2
개인 암살 요인 3
개인 암살 요인 4
조직 암살 요인 1
조직 암살 요인 2
기타 암살 요인

[기타 암살 요인]

창조성이 생산적인 결과로 이어지게 하는 전폭적인 지원이 부족	개인 암살 요인 1
변화를 두려워하고 현상유지에 급급해 하는 조직풍토	개인 암살 요인 2
창조와 혁신보다는 효율성과 생산성만 강조	개인 암살 요인 3
새로운 것 보다 CEO나 상사의 눈치를 보고 마음에 들려고 아첨하는 문화	개인 암살 요인 4
습관과 타성 : 비창조적이고 틀에 박힌 습관. 생각이나 깊은 사고과정 없이 그저 찰나적 내지는 자동적으로 나타나는 학습된 반응	조직 암살 요인 1
	조직 암살 요인 2
	기타 암살 요인

◎ 그 생각은 작년에도 해 봤잖아?

◎ 그건 너무 성급해.

◎ 좋은 생각이야. 하지만 그게 일반 사람들에게 잘 먹혀 들까?

◎ 그런 생각에 시간을 낭비하느라 수고했어.

◎ 나는 그런 생각을 싫어해.

◎ 지금 그것은 시기상조야.

◎ 다른 사람에게 한 번 먼저 시켜 보지.

이런 말을 들었을 때,
아이디어 제안자는 자꾸 움츠려 들고
스스로 타협하려 할 것이다.

모듈 4

창조력에 대한 오해와 진실

– 사례

다이어트 훌라후프

작은 생각의 차이로 40년의 훌라후프 역사를 바꾸어 놓은 상품이 있다.

이름하여 매직후프.

세계 최초로 훌라후프 안쪽에 돌기를 부착해 저절로 운동이 되게 한 다이어트 훌라후프다. 매직후프는 현재 미국, 일본 등 전 세계 76개국에 특허 출원 중이며 국내뿐 아니라 전 세계 시장에서 새로운 아이디어 제품으로 크게 호응 받고 있다.

아이디어의 주인공은 주식회사 렌토의 서종한 사장.

'렌토'는 음악용어로 '천천히 천천히'란 뜻이다. 아무리 좋은 아이디어라도 천천히 발전시켜서 차근차근 꿈을 실현시켜 나가자는 뜻에서 붙인 이름이다.

이미 세상에 나온 훌라후프를 가지고 세상이 놀랄 새로운 제품으로 재탄생시킨 것은 전혀 생각지 않은 곳에서 얻은 아이디어 덕택이었다.

서 사장이 다이어트 훌라후프를 개발한 것은 1997년.

그렇게 좋아하던 훌라후프를 거들떠도 안 보는 딸아이 때문이었다.

"우리 정연이 요즘은 왜 훌라후프 안 해?"

"재미가 없잖아. 시시해."

서 사장은 누구보다 인생에서 재미를 소중하게 생각하는 사람이었다.

아무리 훌륭한 작품이라도 재미가 있어야 하고, 일에도 재미를 우선으로 하는 사람이었던 것이다.

그는 저걸 어떻게 재미있게 만들 수 없을까 하고 골똘히 생각하기 시작했다.

'그래, 무언가 새로운 것을 추가하면 재미있는 훌라후프를 만들 수 있을 거야.'

서 사장은 그때부터 본격적으로 연구에 매달렸다. 갑자기 훌라후프를 가지고 고민에 빠진 서사장에게 옆에 있던 부인의 투덜거리는 소리가 들려왔다.

"훌라우프 하면 살 빠진다는 것도 다 거짓말이야."

당시 둘째 아이를 낳고 뱃살이 빠지지 않아 고민하고 있던 부인이 뱃살을 꼬집으며 속상한 듯 내뱉은 그 말에 서 사장은 '이거다!' 싶은 생각이 떠올랐다.

'맞아! 훌라후프에 지압돌기를 넣자. 그러면 뱃살이 자극을 받아서 살도 빠지고 장기능도 좋아질 거야.'

훌라후프를 어른들의 건강기구로 다시 탄생시키면 뭔가 될 것 같다는 생각이 든 것이다. 이에 수많은 시제품을 만들었다가 부수기를 반복하여 드디어 새로운 훌라후프를 탄생시키는 데 성공했다. 훌라후프의 원형 안쪽에 49개의 돌기를 부착해 회전운동을 통해 허리의 경혈과 경맥을 자극하도록 만든 것이다. 또 훌라후프를 사용자가 직접 조립, 분해할 수 있도록 만들어 휴대할 수 있도록 했다. 이 과정에서 300여 개가 넘는 훌라후프들이 사용되었고, 그 산 역사가 현재 렌토 사무실에 순서대로 진열되어 있다.

이제 원하는 제품을 만들었으니 내다 파는 일만 남았다. 잘 사는 나라일수록 다이어트에 관심이 많다는 분석 결과, 먼저 수출로 판로를 뚫었다. 여러 자료를 통해 세계인의 관심거리는 건강이며, 특히 복부비만 쪽에 관심이 높다는 것을 확인하고, 이 부분을 크게 부각해 광고와 마케팅에 들어갔다.

"좋은 제품을 개발하는 데는 좋은 아이디어가 필요하지만, 그 제품을 내다 파는 데도 무엇보다 좋은 아이디어가 필요합니다."

서 사장이 이토록 철저하게 아이디어의 중요성을 강조하는 것은 그 전에도 이미 좋은 아이디어 덕분에 혜택을 받은 경험이 있기 때문이다. 그는 어려서부터 유달리 상상하고 새로운 것을 만들어내는 데 관심이 많았다. '전화선 꼬임 방지 장치', '손을 대지 않고도 다림질할 수 있는 다리미', '백미러가 필요 없는 자동차' 등이 그의 발명품이다. 그런 좋은 아이디어 제품을 내는 데 성공하고도 그는 서두르지 않았다.

'세계 시장을 공략할 수 있는 힘을 비축해야 한다. 새로운 제품 하나를 개발했다고 들떠서 움직였다간 끝까지 가지 못한다.'

그는 매직 훌라후프가 세계를 깜짝 놀라게 할 훌라후프의 새 바람을 일으킬 수 있다는 확신을 가지고 먼저 자신의 부인에게 매직후프가 정말 다이어트 효과가 있는지 시험해 달라고 했다.

다이어트에 관심이 많았던 부인은 기꺼이 남편의 요청을 받아들였고 그 덕분에 체중이 무려 18.5킬로그램이나 감량되는 효과를 보았다.

이에 자신감을 얻은 그는 코엑스에서 열린 '대한민국 특허기술 대전'에 매직후프를 선보였다. 예상은 적중했다. 이 제품으로 1999년 한국 특허청이 선정한 '신지식 특허인'으로 뽑히는 한편, 지난 5월에는 발명의 날 기념 대통령 표창까지 받았다.

서종한 사장의 새로운 생각의 힘은 어디에서 나올까? 그의 사무실 책상 옆에는 장남감 총이 떨어져 있다. 어디다 고이 모셔둔 것도 아니고 심심하면 언제라도 손을 뻗어 가지고 놀 수 있도록 책상 바로 옆에다 던져 놓은 것이다.

"우리 사장님은 출근할 때 가끔씩 등 뒤로 칼을 차고 나타나세요. 얼굴 가득 장난기 어린 표정을 담고서… 그 모습을 보고 웃지 않을 사람이 어디 있겠어요? 화나고 짜증나는 사람도 다 풀어지죠. 사장님은 늘 그렇게 자신을 즐기시고 직원들을 즐겁게 해주기 위해 노력하세요. 어떨 땐 발가락에 매니큐어를 칠해서 커피타임에 슬쩍 보여주기도 하시는 걸요."

이런 서 사장의 성격은 인간관계에서도 잘 나타난다.

사무실 같은 층의 다른 사장님이나 직원들과도 친구처럼 지내고 함께 영화 보러 다니거나 놀러 다니기를 좋아한다. 서 사장에게는 어른이 됨으로써 어쩔 수 없이 생겨나는 이기심이나 편협함, 얽매임 같은 것은 찾아볼 수가 없었다. 스스로를 얽매지 않으니 자연히 좋은 아이디어들도 샘솟듯 생겨나고, 좋은 아이디어가 있을 때 자기 일처럼 조언을 해 주는 사람들도 많다고 한다.

매직후프가 출시된 초기에는 지압돌기 부분의 조립이 쉽지 않아 소비자들의 불만이 나오고, 이로 인해 생산을 중단하고 많은 빚을 지기도 했다. 하지만 서 사장은 포기하지 않고 다시 제품의 재개발에 들어갈 수 있었다.

한솔CS클럽과 제휴해 판매에 들어가자마자 서 사장은 엄청난 매출로 막대한 이익을 보았고 매직후프는 일약 전 세계 언론들의 열화와 같은 환호 속에 마술처럼 세상에 퍼져 나갔다. CNN을 비롯하여 굵직한 세계 언론이 매직후프를 주목했고 각국에서 매직후프를 사고 싶다는 이메일이 속출했다. 드디어 매직후프2000이라는 새로운 상품이 탄생하고 매직후프 2000은 LS-2000이라는 전자측정기를 부착해 매직후프를 돌리면 그 시간에 소모된 칼로리와 저하된 체지방, 운동 소요시간 등을 한눈에 읽을 수 있도록 만들었다.

이 제품은 제28회 스위스 제네바의 국제 발명품 전시회에서 은상을 수상했고 미국 6000만 달러, 일본 2000만 달러, 중국 1500만 달러의 수출 계약을 이루어 내는 쾌거를 거두었다. 매직후프로 성공을 거둔 그는 또 다시 새로운 아이디어에 도전하고 있다.

'세상에 없는 새로운 제품만을 만든다.'는 그의 다부진 포부가 이번에는 또 어떤 상품으로 이어질지 기대된다.

– 『부자가 되는 아이디어 발상법』 중 발췌 –

3M

높은 창조력이 조직문화를 형성하는 회사는
위험감행(Risk taking)을 허용하는 3M과 같은 회사입니다.

자기 근무시간의 15%는 스스로 하고 싶은 일에 투입해도 좋다

높은 창조력이 조직문화를 형성하는 회사는 위험감행(Risk taking)을 허용하는 3M과 같은 회사입니다.
그렇다면 3M은 다른 회사들과 어떤 차이가 있을까요? 자기 근무시간의 15%는 스스로 하고 싶은 일에 투입해도 좋다는 조직문화가 바로 3M입니다.
이러한 조직문화의 결과로, 잘못 만들어서 실패한 테이프에서 세계적 히트상품이 된 포스트 잇이 나온 것입니다.

Microsoft

Microsoft는 직원들의 실패를 꾸짖지 않습니다.
대신 끊임없이 실패를 하다가 성공하는 직원에게는 엄청난 스톡옵션이 보상으로 주어집니다.

창조적이고 혁신적인 문화를 가진 초일류회사는 창조력을 잉태하는 DNA가 만들어져 있기 때문입니다.

나아가 이들은 이 유전인자를 잘 육성하고 또 관리하고 있다는 것을 우리는 알아야 합니다.

모듈 5

무엇이 **창조력**을 발산시키는가

– 창조력 발산 요인 탐구

창조력 발산 요인 탐구

"작은 것이라도 흥미를 가지고 봅니다."

[개인 차원 발산 요인 1] **호기심이 많고 사물의 미묘한 측면도 잘 관찰한다.**

"메모는 아이디어를 배가시키는 놀라운 힘을 가지고 있습니다."

[개인 차원 발산 요인 2] **작고 사소한 아이디어라도 항상 적는 습관을 가진다.**

"지식이 깊어야 새로운 아이디어도 많이 떠오릅니다."

[개인 차원 발산 요인 3] **자신의 분야에 대한 지식 습득을 게을리 하지 않는다.**

"내가 알지 못하는 다른 분야에서 아이디어를 얻는 경우도 있습니다."

[개인 차원 발산 요인 4] **자기 분야 이외의 것들에도 항상 관심을 가진다.**

[개인 차원 발산 요인 5] **개방적이고 긍정적인 사고를 가진다.**

[개인 차원 발산 요인 6] **스스로 자극을 주며 내적 동기를 강화한다.**

[개인 차원 발산 요인 7] **실행력과 끈기가 있다.**

창조적인 사람들은 주변의 사물이나 현상에 관심이 많다.

일본의 한 인쇄회사에 근무하는 27세의 평범한 샐러리맨 요로즈 하지메 씨는 전철로 출퇴근을 하면서 지루함을 달랠 홍미거리를 찾아냈다.

즉 그는 인간관찰을 시작한 것이다.

전철을 타서 자리가 없을때 착석한 사람 앞에 설 때마다 "이 사람이 언제 하차할까? 즉 자신이 의자에 앉아서 갈 수 있을까" 를 유심히 관찰하였다.

이 같은 관찰 결과를 자신이 운영하는 메일 매거진에 연재하기 시작했다.

그의 이런 행동은 간키출판사 편집자 눈에 띄게 돼 지난 3월에 책으로 출판하기에 이른 것이다.

이 책은 현재 3만 부 이상 팔려 나갔고 영국, 터키 등 비슷한 출퇴근 전철 환경을 가진 나라들에 소개되면서 해외에서도 인기를 끌게 됐다. 특히 지난 4월6일자 〈더 타임스〉에 이 책이 소개되면서 일본에서는 더욱 유명해졌다.

2005년 여름에는 영국에서 번역본이 출판되었고 나아가 영화사에서도 영화로 만들 것을 계획 중에 있다. 편집자인 마키모토 타로 씨는 이런 추세라면 금년 가을까지 5, 6만부 이상 팔릴 것으로 예상하고 있다. (오마이뉴스 05-07-20)

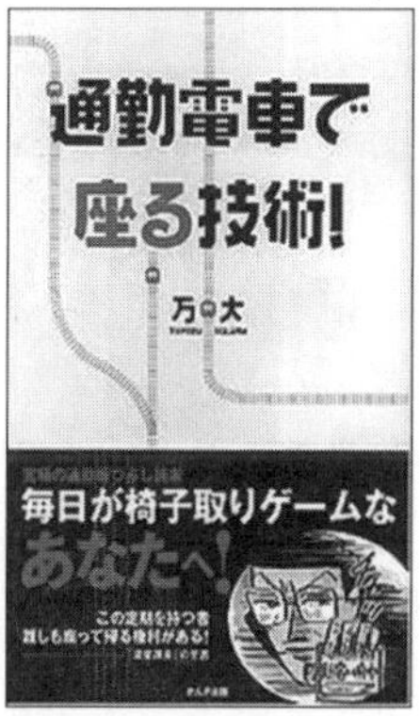

〈출퇴근 전철에서 앉는 기술!〉
의 책 표지 ©2005 간키출판사

이처럼 전철을 이용하는 사람이라면 누구나 자신만의 노하우를 어느 정도 가지고 있을 것이다. 금방 내릴 것 같은 사람을 알아채는 기술을 말이다. 그러나 이 사람은 누구나 가지고 있을 법한 기술을 면밀하게 관찰함으로써 책으로 만들어 내는 데 성공한 것이다.

"작은 것이라도 흥미를 가지고 봅니다."

[개인 차원 발산 요인 1] **호기심이 많고 사물의 미묘한 측면도 잘 관찰한다.**

대부분의 아이디어맨들은 메모의 달인들이다.

이들은 잠을 자다가 아이디어가 생각나는 경우,
괴로움을 참고 일어나 종이에 메모를
하고 자야 직성이 풀린다.
왜냐하면 이 기회를 놓치면 운명의 여신 같은
아이디어는 다시 찾아오지 않는다는 사실을
누구보다 잘 알고 있기 때문이다.

어떤 광고회사의 카피라이터는 자신이 메모를 할 수 없는
상황이라면 핸드폰에 음성녹음을 한다고 자신의
비결을 들려 주었다.

기록하지 않는 아이디어는
곧 사라진다는 사실을 기억하자.

"메모는 아이디어를 배가시키는 놀라운 힘을 가지고 있습니다."

[개인 차원 발산 요인 2] **작고 사소한 아이디어라도 항상 적는 습관을 가진다.**

'아는 만큼 보인다' 는 말이 있듯이 풍부한 상상력을 발휘하려면 다양한 지식과 경험들을 습득할 수 있어야 한다.

사실 무식하면 아이디어를 낸다는 것은 물 건너간 일이다.

나아가 아무리 아이디어 발상능력이 뛰어나도 그 분야에 대한 지식이 없으면 폭 넓은 아이디어를 생각해 낼 수 없다.

특히 오늘날처럼 여러 분야가 서로 결합되어야 새롭고 다른 것이 만들어지는 컨버전스 시대에는 인접 분야에 대한 관심이 대단히 중요하다.

내 분야만 안다는 것은 사고를 제한하는 것이다. 인접분야의 변화 트렌드를 따라 잡는 것이야 말로 창조력 발휘의 핵심이다.

이처럼 창조력이란 '지식'이 깊을수록 더 확장되고, 이를 실천하는 것은 '지혜'의 도움을 받아야 가능한 것이다.

프란츠 요한슨이 쓴 The Medici Effect는 인접분야의 결합이야말로 창조력 및 혁신력을 탄생시킨다는 내용을 담고 있는 것으로, 대단히 흥미있는 책이다.

"내가 알지 못하는 다른 분야에서 아이디어를 얻는 경우도 있습니다."

[개인 차원 발산 요인 4] **자기 분야 이외의 것들에도 항상 관심을 가진다.**

'우물 안 개구리' 라는 말처럼 자신의 담당 분야에만 충실한 사람은 고지식한 사고에서 벗어나기 어렵다. 따라서 보다 창조적인 사고를 하기 위해서는 다른 분야 사람들과 지속적인 교류를 하는 것이 좋다.

나아가 철학이나 역사, 예술사 등 교양 서적의 탐독, 스포츠 활동이나 악기 연주 등 다양한 활동을 통해서 자신의 지식과 경험 기반을 확대하는 데 노력을 기울일 필요가 있다.

창조력 사고 과정은, 이미 알고 있는 지식과 정보들을 서로 '연결'시켜 다른 아이디어를 얻기도 하지만, 내가 고민하는 주제에 대해 전혀 관계없는 다른 분야에서 아이디어를 얻기도 한다.

1998년 MIT링컨 연구소의 과학자 래리 콕스는 인체에서 포도당을 모니터하는 새로운 방법을 찾고 있었다. 당시 당뇨병 환자들은 하루에 네다섯 번씩 손가락을 찔러서 피를 뽑는 방법으로 인슐린 수치검사를 받아야 했다.

그것은 고통이 따를 뿐만 아니라 감염의 위험이 있었으며, 환자의 손가락은 늘 바늘자국 투성이가 되었다.

콕스는 피부를 손상시키지 않는 검사를 원했다. 그는 동료들과 브레인스토밍을 하면서 호기심의 안테나를 올리고 창조적인 해결 방안을 찾고 있었다. 그런데 그 돌파구는 전혀 다른 분야에 종사하는 어느 과학자와 이야기를 하는 도중에 발견되었다.

그 과학자는 최근에 '일렉트로포레이션(Electroporation)'이라는 실험을 하고 있었다.

이것은 피부에 전기를 방전해서 모공을 넓힘으로써 피부를 뚫지 않고 주사약을 공급하는 방법이었다.

바로 그것이었다.

"피부를 뚫을 필요가 없다는 것을 알았습니다."

콕스는 기존의 연상관계를 깨뜨리는 생각을 해낸 것이다.

"피부 밑에 있는 모공을 열어서 기구를 혈액에 좀 더 가까이 댐으로써 포도당을 측정할 수 있었죠."

콕스는 의학적 가설을 파괴하고 겉으로 보기에는 전혀 다른 두 영역 사이를 연결하는 데에서 성공한 것이다.

[개인 차원 발산 요인 5] 개방적이고 긍정적인 사고를 가진다.

무엇인가를 새롭게 시도해 보기 위해서는 어느 정도 위험감행(Risk Taking)을 해야 한다. 다시 말해 새로운 아이디어나 변화를 시도할 때 장애물들을 계속 생각하고 부정적인 결과만 떠올린다면 한 걸음도 앞으로 나갈 수가 없다.

성장과 진보의 필수조건은 위험과 실패에 마주쳐야 한다는 것이다.

지나치게 완벽함을 추구하는 사람의 경우 자신의 능력만큼 창조력을 발휘할 수 없다는 말도 있다.

체스티풀리 美 해병대 장군은 아군이 적군에게 완전 포위되어 고립되었다는 보고를 받고서 이렇게 말했다.

"우리는 포위됐다. 덕분에 문제는 간단해졌다. 이제 우리는 모든 방향으로 공격할 수 있다."

사실 전쟁이나 기업경영, 그리고 우리의 인생살이도 항상 좋은 환경과 풍부한 자원하에 진행될 수는 없는 것이다

체스터풀리 해병대 장군과 같이 어려울수록 낙관적이고 긍정적으로 사고하는 것은 돌파구를 찾는 원동력이 된다. 왜냐하면 이를 통해서 창조적인 해결방안이 생겨나며, 그것이 실행될 수 있기 때문이다.

(조영탁의 『행복한 경영이야기』 중에서)

[개인 차원 발산 요인 6] 스스로 자극을 주며 내적 동기를 강화한다.

조직에서는 어떤 일을 할 때 이 과업을 추진하는 개인 스스로의 내적 동기와 외적 동기(평가, 보상 등)가 서로 조화될 때 개인이 보다 더 창조적으로 될 수 있다.

하지만 이 경우 창조력에 더 큰 영향을 미치는 것은 내적 동기라는 사실이 여러 가지 심리학적 실험을 통하여 밝혀진 바 있다.

물론 평가나 보상 등 외적 동기가 부족한 경우에 개인의 동기가 유발되지 않는 것은 분명하지만, 좀더 중요한 것은 개인이 자신이 하는 일에 대해서 비전과 의미를 부여하고 스스로의 목표를 다지는 내적 동기를 충만하게 가질 때야 말로 창조적인 아이디어가 더 많이 산출될 수 있다는 것이다.

나아가 이것이야 말로 질(Quality) 높은 산출(Output)을 만들어 낸다.

[개인 차원 발산 요인 7] 실행력과 끈기가 있다.

아이디어를 수렴하는 단계, 즉 여러 가지 아이디어의 발산 단계를 거쳐서 평가하고 논리적으로 분석하고 실행계획을 세우고 직접 실행하는 과정에서 가장 중요한 것이 바로 '실행력'과 '끈기'이다.

아무리 좋은 아이디어라도 끝까지 밀고 나가는 실행력과 끈기가 없다면 무슨 소용이 있는가?

세계에서 가장 큰 전기전자회사인 마쓰시다를 설립한 창업주 마쓰시다 고노스케는 회사의 장기적 비전에 대해서 설명을 하는 자리에서 다음과 같은 질문을 받았다.

"마쓰시다 전기의 장기적인 비전은 얼마나 멀리 보고 정했습니까?"라고 묻자 그는 "250년 입니다."라고 대답하였다.

추가되는 질문인 "이 비전을 성취하려면 무엇이 필요합니까?"라고 묻자 그는 '끈기'입니다. 라고 말했다.

끈기는 어떤 난관에 부딪쳐도 반드시 아이디어를 실행해서 결과를 내는 데 필요한 핵심 동력이다.

선 마이크로 시스템의 CEO인 스콧 맥닐리는 실행력의 중요성을 다음과 같이 강조하고 있다.

"잘못된 전략이라도 제대로 실행만 한다면 반드시 성공할 수 있다. 반대로 뛰어난 전략이라도 제대로 실행하지 못하면 결국 실패한다."

창조적인 아이디어를 잘 정리하고 구체화 해 놓고도 조금 해 보다가는 뜻대로 안되면 중단하고 좌절하는 것이 사람들이 흔히 저지르는 실수이다.

요즘 내가 가장 관심을 가지고 있는 것…

어떤 조직으로 만들어야

창조력을 발산할 수 있을까?

조직 차원 발산 요인1	전 연구원들이 정보를 공유할 수 있는 데이터 베이스 구축

조직 차원 발산 요인2	당장의 효율성보다는 창조성과 새로운 시도, 변화를 중시하는 조직 풍토

[조직 차원 1] **전 연구원들이 정보를 공유할 수 있는 데이터 베이스 구축**

Thomas Alva Edison

흔히 창조적인 아이디어라는 것을 생각하다 보면, 과거와는 근본적으로 다를 만큼 정말 새로운 그 무언가를 떠올리곤 한다.

그러나 100% 새로운 것은 수십 년에 몇 건 있을 정도로 희귀하다.

왜냐하면 대부분의 창조적 제품이나 서비스는 기존의 것들의 새로운 조합에 근거한 것이라고 할 수 있기 때문이다.

P·O·I·N·T

*사실 발명왕인 Edison의 발명품 대부분도 기존에 나와 있던 아이디어나 재료를 재조합하여 만든 것이라고 한다.

Edison도 "새로운 발명을 위해서 가장 처음으로 할 일은 바로 기존의 것부터 공부하는 것이다"라고 말하였다.

이러한 면에서 볼 때, 구성원들의 창조성을 강화하기 위해서는 기존의 연구 결과나 다른 분야에 대한 새로운 지식과 관점을 학습할 수 있는 장치를 마련해야 한다.

즉, 새로운 지식 창출도 중요하지만, 조직 내부에 지식이 어디에 있는지를 알수 있는 능력도 키워 줄 필요가 있다. 심리학자들의 연구를 보더라도, 복잡한 문제를 풀어갈 때 가장 큰 어려움은 문제에 대한 무지(無知)가 아니라 그 문제 해결에 도움이 될 만한 것들이 어디에 있는지를 알지 못하는 것이라 한다.

많은 기업들이 사내 지식의 활용도를 높이기 위해 지식 경영 시스템을 구축하곤 한다.

그러나 단순히 지식을 저장하는 것보다는

'누가 무엇을 알고 있는가'

를 파악하는 것이 더 중요하다.

이를
Know-Where
이라고 한다.

세계적인 컨설팅 회사인 McKinsey & CO.의 경우를 보자.

이 회사는 지식 경영 시스템을 설계할 당시 각종 보고서, 우수 사례들을 시스템에 등록하고 이 정도면 충분할 것이라고 생각했다.

그러나 이 시스템의 유용성에 대한 컨설턴트들의 평가는 부정적이었다.

왜냐하면 지식 경영 시스템에 들어 있는 문서 자료를 읽어본다고 하더라도 지금 자신이 당면해 있는 문제를 풀기에는 큰 도움이 되지 않았기 때문이다.

이에 McKinsey는 기존의 지식을 저장해 놓는 것만으로는 충분하지 않다는 것을 파악하고 'Rapid Response Team'을 만들었다.

이를 통해 특정 문제에 직면한 컨설턴트가 있을 경우, 그와 관련된 유용한 지식을 가지고 있는 다른 컨설턴트와 24시간 내에 연결시켜 줄 수 있도록 만든 것이다.

이처럼 커뮤니티의 활성화 역시 Know-Where를 강화하는 방법 중의 하나이다.

DuPont사에는 240여 개의 기술에 관련된 커뮤니티와 180여 개의 비기술적인 커뮤니티가 존재한다.

이러한 400여 개의 커뮤니티는 DuPont이라는 거대한 화학회사 내부에서 나타나는 수많은 아이디어를 저장하고 이를 필요로 하는 다른 구성원들에게 전달하는 역할을 훌륭하게 수행하고 있다.

DuPont사는 이를 보다 더 체계적으로 활용하기 위해 OZ라는 팀도 운영하고 있다.

OZ팀의 명칭은 '오즈의 마법사'라는 동화에서 에메랄드 시티로의 안내 역할을 하는 노란 길처럼 DuPont사의 미래로 가는 길을 안내하라는 취지에서 붙여진 것이다.

P·O·I·N·T

*이 팀이 맡은 주요 역할은 전사적으로 혁신 네트워크를 구축함으로써 창조적 사고를 지향할 수 있는 문화를 형성하는 것이라고 한다.

[조직 차원 2] 당장의 효율성보다는 창조성과 새로운 시도, 변화를 중시하는 조직 풍토

새로운 시도와 변화를 중시하는 조직 풍토를 가진 기업을 떠올리라면 항상 가장 먼저 떠오르는 기업이 3M이다.

3M의 각 사업부는 매출의 30% 범위는 반드시 신규제품(개발된지 2~3년 이내)으로 구성하여 이를 달성해야 한다는 원칙을 가지고 있다.

이 같은 방침은 당장의 매출과 이익에 안주하지 말고 지속적으로 신제품 개발을 위해서 총력을 기울여야 한다는 회사 정책을 반영한 메시지인 것이다.

특히 이 회사에서 특이할 만한 것은 새로운 시도와 창조성을 촉진하기 위해서 실패축하연을 공식적으로 열어준다는 것이다.

어떤 회사가 실패한 프로젝트나 실패한 시도를 축하해 줄 것인가.

창조적이고 혁신적인 프로젝트를 수행하다가 실패로 끝났을 경우, 실패사례를 공유한 후 간단한 ceremony를 열어 줌으로써 구성원들이 새로운 시도와 도전을 하는 것이 위축되거나 또는 제한받지 않도록 창조적 조직풍토를 살려 나가는 지혜인 것이다.

프링글스

감자칩은 항상 부피에 비해 봉지가 크고 칩이 얇아서 작은 충격에도 금방 부스러지는 맹점이 있었다. 이를 개선하기 위해 감자칩에 수분을 좀더 넣고 더 두껍게 하니 잘 부스러지지도 않았고 감자칩의 모양을 겹쳐서 작은 통에 담으니 휴대하기도 편하게 되었다. 이리하여 프링글스가 등장하게 되었다.

서구식 창조력과 동양식 창조력의 차이는 자녀를 양육하는 방식에서부터 출발한다. 유럽 및 미국문화에서는 자녀들에게 재량권 및 선택권을 많이 부여하는 데 비해 동양권 문화에서는 부모들이 자녀들을 대신해서 더 많은 것을 결정하는 경향이 있다.

창조적 역량은 어린 시절 자녀를 어떻게 키우느냐하는 부모의 양육방법과 상관이 있다고 많은 심리학의 연구결과가 밝히고 있다.

아동 양육과 관련된 모든 것을 부모가 결정하는 '한국식 양육방법'과 16세가 넘으면 집에서 나와서 독립하도록 부모가 압력을 가하는 '독일식 양육방법'을 비교해 보자.

자녀가 어릴 때부터 스스로 사고하고, 판단하여 많은 것을 자립적으로 결정하게 하는 독일의 부모들은 세계에서 가장 많은 수의 노벨상을 수상한 교수들을 배출했다.

이와는 대조적으로 모든 일을 부모가 결정해 주는 한국식 양육방법은 어떨까? 한국의 경우는 어쩌면 자녀들이 성장한 후 어른이 되어도 모든 것을 부모한테 물어봐야 하지 않을까?

아이가 창조력을 가지도록 양육하는 성공적인 부모가 되기 위해서 다음 체크리스트를 활용해 보자. 제시되는 항목이 우리집에는 얼마나 해당되는지 체크해 보자.

	항 목	체 크	우리집의 사례
1	부모가 어린이를 존중한다.		
2	어릴 때부터 폭 넓은 자유를 주고 있다.		
3	어린이가 자립하여 책임을 가지고 행동할 것을 기대하고 있다.		
4	부모자식간이라도 지나친 어리광을 받아주거나, 모든 것을 허용해 주는 관계가 아니다.		
5	어린이의 행동에 과도한 간섭을 하지 않는다.		
6	주위에 어린이에게 모범이 되는 훌륭한 어른들이 많이 있다.		
7	좋은 것 또는 나쁜 것이 무엇인지 분명히 구분하도록 한다.		
8	부모가 어린이를 데리고 자주 외출한다.		
9	어린이가 하는 질문에 기꺼이 답해 준다.		
10	어린이가 스스로 장난감을 선택하고 결정하도록 고무한다. (예 : 장난감 고를 때 등)		

*출처 : CCL(Center for Creative Leadership), Targeted Innovation

[체크리스트 피드백]

- 체크한 문항이 7개 이상이면 이 가정에서는 자녀를 창조적으로 키우고 있습니다.
- 체크한 문항이 3개 이하이면 이 가정은 자녀를 좀더 다른 방법으로 키우도록 유념해야 합니다.
- 체크한 문항이 4 ~ 6개이면 그저 중간 정도로 키우고 있습니다.

경영자는 어떤 사람들을 창조적 인재로 보는가?

경영자는 어떤 사람들을 창조적 인재로 보는가?

지금부터 조직을 Great Company로 만드는 창조적 인재에 대해 생각해 볼까요? 먼저 다음 두 가지의 질문에 대해 자신의 의견을 써 보자.

우리 회사에는 어떤 유형의 인재들이 많은가?

어떻게 하면 창조력이 부족한 인재를 창조력이 풍부한 인재로 변화시킬 수 있을까?

경쟁력의 가장 중요한 요소

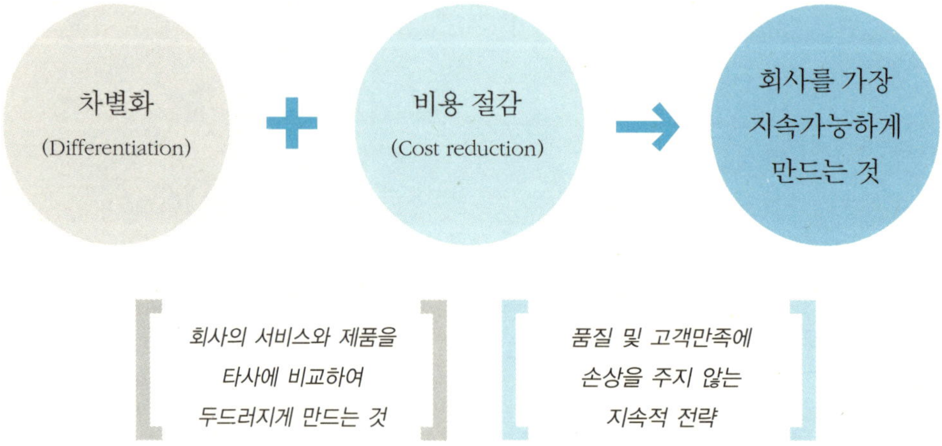

P·O·I·N·T

*** 마이클 포터는**

"'경쟁력의 가장 중요한 요소'는 차별화(Differentiation)와 비용 절감(Cost reduction)으로 이것이 바로 회사를 가장 지속가능하게(Best sustainable) 만드는 것이다."라고 했습니다.

이때 차별화는 회사의 서비스와 제품을 타사에 비교하여 두드러지게 만드는 것이고, 비용 절감은 품질 및 고객만족에 손상을 주지 않는 지속적 전략을 추진하는 것입니다.

그런데 이 두 개는 모두 창조력이 그 바탕입니다.

창조적 인재에 대한 CCL(Center for Creative Leadership) 연구 결과

창조력이 풍부한 인재	창조력이 부족한 인재
● 혁신적으로 독창적인 아이디어를 발상하고 실행한다. ● 유익한 일을 하기 위해서 새로운 방법을 만들어 낸다. ● 누구나 인정하고 또 당연하게 여기는 것도 새롭고 다르게 본다. ● 생각이 고착되지 않고 유연하게 사고한다. ● 주어진 이슈에 대해 적절하게 질문을 제기한다.	● 틀에 박힌 방식으로 일한다. ● "우리는 언제나 이 같은 방법으로 해 왔다."라는 방식의 보수적인 사고 틀에 빠져 있다. ● 당연한 사실을 그저 당연한 것으로 밖에 보지 못한다. ● 주체성이 없이 그저 '대세'에 따른다. ● 과제가 주어지면 그 과제 자체만 풀려고 한다.

참조) 미국 Center for Creative Leadership(CCL)에서 세계 각 기업에 근무하는 260명의 경영자로부터 조사한 데이터(2003)

모듈 6

창조력과 자기 진단

창조력 암살 요인 리스트 작성해 보기

지금까지 창조력이 발산되는 데 장애요인으로 작용하는 것에 어떤 것들이 있는지 알아보았습니다.

자 그럼, 스스로 생각하기에 당신 자신에게는 창조력을 암살하게 되는 요인으로 어떤 것들이 있는지 다음에 작성해 보세요.

1. 개인적인 측면	2. 조직적인 측면
1)	1)
2)	2)
3)	3)

- ▶ 개인 창조력 진단
- ▶ 언어식 창조력검사
- ▶ 도형 창조력검사
- ▶ 창조력 스타일 프로파일 진단

여기서는 학습자 여러분의 창조력에 대해 다양한 진단을 해 보도록 하겠습니다.

제시되어 있는 진단테스트는 '언어창조력 진단', '도형 창조력 검사',

'창조력 스타일 프로파일 진단' 입니다.

Q

빈 맥주병을 가지고 맥주를 담는 목적 외에 어떻게 사용할 수 있을까요? 이 테스트는 빈 맥주병의 사용 및 활용 용도에 대한 아이디어 발상을 알아보는 것입니다. 제한시간 내에 가능하면 많은 아이디어를 내십시오.

※ 제한 시간은 3분입니다.

▶ 개인 창조력 진단
▶ 언어식 창조력검사
▶ 도형 창조력검사
▶ 창조력 스타일 프로파일 진단

도형 창조력 Check - 도형으로 아이디어 만들기

Q 다음에 1~16번까지의 그림을 이용하여 의미 있는 물건을 묘사하십시오. 가능하면 많이 그리십시오.

※ 시간은 3분입니다. 번호 순서대로 진행해 주세요.

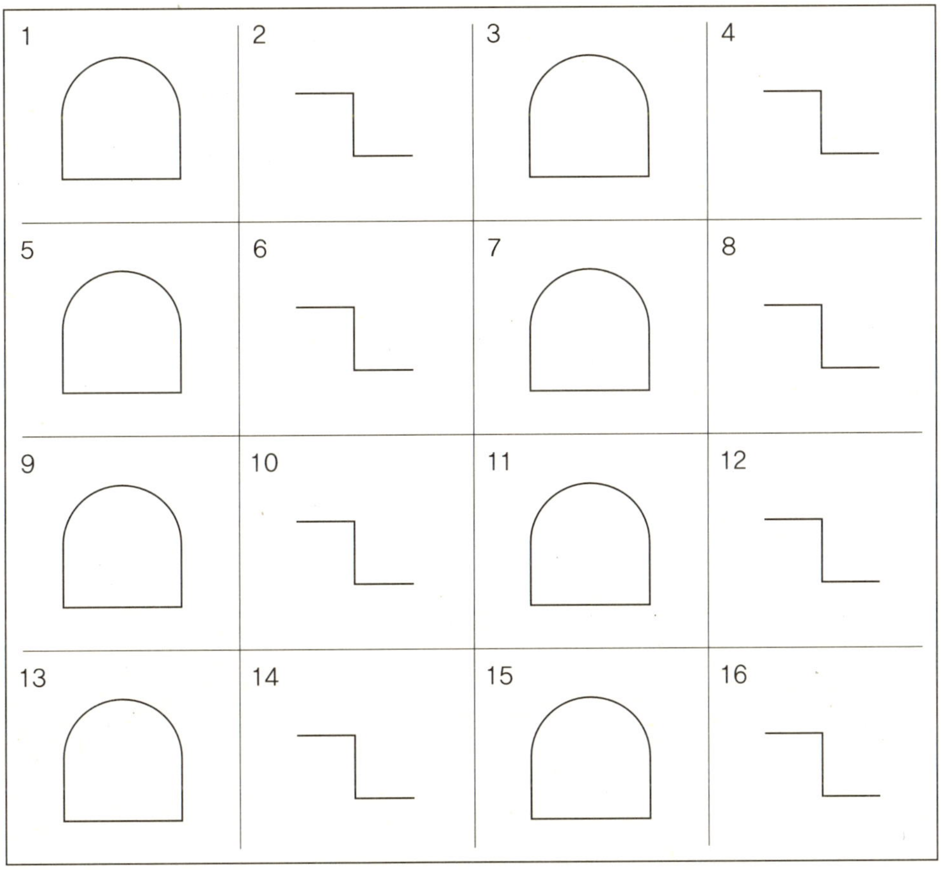

언어 창조력 Check - 단어로 아이디어를 내는 능력 조사

Q 비닐 우산을 새롭게 사용하는 방법 발상

'비닐 우산'을 비가 올 때 우산으로 사용하는 것 이외의 방법을 생각해 보세요.

다음에 15개의 공란이 있습니다. 여러가지 각도에서 많은 아이디어를 내주세요.

※ 3분간의 시간을 드립니다. 〈기입 예 : 비닐 우산 4개를 가지고 책상다리로 쓴다〉

1. ______________________
2. ______________________
3. ______________________
4. ______________________
5. ______________________
6. ______________________
7. ______________________
8. ______________________
9. ______________________
10. ______________________
11. ______________________
12. ______________________
13. ______________________
14. ______________________
15. ______________________

Q

공중전화의 필요성이 점점 사라지고 있는 상황에서 기존의 공중전화를 어떻게 활용하면 좋을까요? 가능하면 많은 아이디어를 제한시간 내에 내십시오. 아이디어를 한 번 내어 보세요.

※ 제한 시간은 3분입니다.

- 개인 창조력 진단
- **언어식 창조력검사**
- 도형 창조력검사
- 창조력 스타일 프로파일 진단

Q

주전자가 지금의 모양이 아닌 다른 형태가 된다면, 어떤 것이 되면 좋을지 가능한 많은 아이디어를 발상해 보세요.

이 테스트는 주전자를 기존의 것보다 이상적인 상태로 개량해 나가는 능력을 검사하는 것입니다.

- ▶ 개인 창조력 진단
- ▶ 언어식 창조력검사
- ▶ **도형 창조력검사**
- ▶ 창조력 스타일 프로파일 진단

※ 제한 시간은 3분입니다.

Q '나의 창조력 스타일은 어떤가?'

이 질문은 내가 창조적인가 또는 아닌가보다 훨씬 더 중요합니다.
왜냐하면 사람들은 누구나 창조적이지만 단지 스타일이 다를 뿐이라는 것이 오늘날 다수의 심리학적 연구결과를 통해서 밝혀지고 있기 때문입니다.

1번~28번까지 제시된 질문에 자신이 선호하는 회답을 양자 택일로 선택해 보십시오. 선택은 필수이기 때문에 어느 하나는 반드시 골라야 합니다.

이때 제시된 질문에 대한 답이 두 개 모두 자신에게 해당된다고 해서 두 개를 선택하면 안됩니다.
또한 답 두 개 모두가 자신에게 해당되지 않는다고 선택하지 않는 것도 역시 안됩니다.

▶ 개인 창조력 진단
▶ 언어식 창조력검사
▶ 도형 창조력검사
▶ **창조력 스타일 프로파일 진단**

창조력 스타일 프로파일 진단

창조력 스타일에 대한 이론적 배경

1

우리는 누구나 창조적인 능력을 가지고 있다.
따라서 창조력과 관계되는 중요한 문제는 "나는 창조적인가 또는 창조적이지 않는가?"가 아니라 "어떻게 하면 내가 좀더 창조적으로 될 수 있을까?"가 핵심이다.

2

우리는 누구나 창조적으로 될 수 있는 잠재력을 가지고 있다.
그럼에도 불구하고 일상생활, 가정 그리고 회사에서 자기 자신에 대한 일이나 회사 일을 수행하면서 비창조적인 접근법을 빈번히 적용하고 있다.

3

사람들이 창조력을 발휘할 때 어떤 특정한 한가지 스타일만 활용하는 경우는 대단히 드물다.
그 대신 대부분의 경우는 몇 가지 스타일을 혼합하여 활용하고 있다.

우리 자신이 선호하는 창조력 스타일과 또 함께 일하는 다른 사람들이 좋아하는 창조력 스타일을 파악하면 이는 다음과 같은 측면에서 많은 도움을 준다.

- 함께 일할 때 좀더 개방적으로 되고 또 융통성을 가진다.
- 일상생활에서 많은 아이디어와 정보를 교환할 수 있다.
- 이상적이고 또 조화로운 팀웍을 구축할 수 있다.
- 다른 사람들을 이해하기 때문에 자신의 아이디어를 좀더 효과적으로 제시할 수 있다.
- 고객의 욕구를 잘 파악하고 또 이에 부합할 수 있다.

1. 내가 어떤 결정을 할 때 보이는 지배적인 성향은?

☐ A. 모든 조건이나 요소를 다 고려하는 체계적인 성향이다.

☐ B. 경험을 통해 판단하는 직관적인 성향이다.

2. 내가 학습할 때 좋아하는 방법은?

☐ C. 학습할 대상에 대해 명백한 목표와 기대를 가질 때이다.

☐ D. 새로운 경험을 얻기 위해서 적극적으로 참여하는 때이다.

3. 내가 가장 잘 배울 수 있는 학습 내용은 주로…

☐ E. 사람간의 인간관계를 개선하는 기법을 다룰 때이다.

☐ F. 구체적인 테크놀러지와 '자연 과학적' 정보를 다룰 때이다.

4. 직무가 구체적이고 또 세부적인 것까지 요구하는 경우, 내가 보이는 반응은?

☐ G. 인내력이 없고 또 쉽게 지루해 한다.

☐ H. 인내력을 가지고 꾸준히 해 낸다.

5. 내가 근무하기 좋아하는 팀/부서는?

☐ A. 하는 일이 비교적 자유롭게 조직화된 팀/부서이다.

☐ B. 하는 일이 완벽하게 잘 구조화된 팀/부서이다.

6. 내가 가장 좋아하는 과업 수행 방법은?

☐ C. 과업 수행이 완벽하게 표준화된 경우이다.

☐ D. 과업 수행을 위해서 새로운 방법을 찾아야 하는 경우이다.

7. 내가 긍정적이고 또 건설적인 변화를 추구할 때 방해를 받는 경우는?

☐ E. 내 자신은 목표를 열심히 추구하지만 '다른 팀원들은 뒤쳐져서' 따라오지 못하는 경우이다.

☐ F. 구체적인 실천방안을 잊어버려 목표를 상실하는 때이다.

8. 내가 맡은 일을 가장 잘하는 경우는?

☐ G. 별 다른 계획이 없이 주워진 상황에 자유롭게 대처하는 경우이다.

☐ H. 내가 맡은 일에 대해 면밀하게 계획을 세우고 하는 경우이다.

9. 내가 잘 사귀고 또 쉽게 대화할 수 있는 사람의 사고유형은?

☐ A. 정확하게 또 실용적으로 사고를 하는 사람이다.

☐ B. 상상력이 있고 독창적인 사고를 하는 사람이다.

10. 내가 과업을 수행할 때 가장 중요하게 여기는 것은?

☐ C. 안정성이다.

☐ D. 자율성이다.

11. 일을 할 때 내가 가진 장점 중의 하나는?
- ☐ E. 여러 가지 서로 다른 아이디어들이 어떤 관계를 가지는지를 알아보는 것이다.
- ☐ F. 일이 잘 추진되도록 최선을 다해 고도로 몰입하는 것이다.

12. 어떤 과업수행에 직면할 때 내가 좋아하는 질문은?
- ☐ G. 과업수행을 새롭고 다르게 해야 하는가?
- ☐ H. 과거에 다른 사람들도 이와 비슷한 과업을 수행한 적이 있는가?

13. 문제를 해결하고 가장 훌륭한 결과를 얻을 때는?
- ☐ A. 분발하여 열심히 일할 때이다.
- ☐ B. 꾸준히 그리고 지구력을 가지고 일할 때이다.

14. 내가 가장 즐겨서 하는 과업은?
- ☐ C. 익숙하고 습관이 된 기법을 이용하는 과업.
- ☐ D. 새로운 기법을 학습하는 과업.

15. 내가 일을 할 때 서로 협조하기가 어렵게 느껴지는 사람은?
- ☐ E. 아무런 꿈이나 희망을 가지지 않는 사람이다.
- ☐ F. 자기자신은 목표와 아이디어만 제공하고 상대방에게 행동하게 하는 사람이다.

16. 내가 일을 하면서 큰 자랑으로 느끼는 경우는?
- ☐ G. 과제나 주제의 본질을 꿰뚫어 새로운 가설을 만드는 것이다.
- ☐ H. 발전을 하기 위해 장애물을 극복하는 방법을 개발하는 것이다.

17. 문제해결을 할 때 내가 다른 사람들로부터 받는 평가는?
- ☐ A. 현실적이기 때문에 성공적이라는 평가를 받는다.
- ☐ B. 환상적이고 이상적이기 때문에 탁월하다는 평가를 받는다.

18. 창조력을 발휘할 때 내게 도움을 주는 방법은?
- ☐ C. 아이디어를 찾기 위해서 꾸준하고 철저한 것을 추구하는 것
- ☐ D. 여러 가지 아이디어와 의견을 폭넓게 수용하는 것

19. 내가 가장 성공적으로 잘 다룰 수 있는 방법은?
- ☐ E. 아이디어와 통찰력을 서로 결합하는 것이다.
- ☐ F. 사실에 바탕을 두는 구체적인 정보이다.

20. 내가 가장 성공적으로 잘 할 수 있는 일은?
- ☐ G. 새롭고 또 독특한 문제해결 방법을 창출하는 것이다.
- ☐ H. 실제적이고, 구체적인 개선을 하는 것이다.

21. 내가 과제를 수행할 때 가장 잘 할 수 있는 방법은?

☐ A. 시행착오를 통해 과제를 행동으로 해결하는 방법이다.

☐ B. 과제에 대해 이론이나 논리적 접근을 하는 방법이다.

22. 문제를 해결할 때 내가 가장 잘 할 수 있는 경우는?

☐ C. 단지 하나의 정답이 있을 때이다.

☐ D. 다수의 정답이 있을 때이다.

23. 교육훈련과 자기개발 기회가 내게 큰 의미를 주는 이유는?

☐ E. 목표를 효과적으로 달성할 수 있는 더 나은 방법을 제공하기 때문

☐ F. 나에게 성장할 수 있는 기회를 제공해 주기 때문

24. 내가 일상업무를 가장 잘 처리할 수 있을 때는?

☐ G. 주어진 일을 순간적으로 처리할 때

☐ H. 계획을 세워 순서에 입각하여 처리할 때

25. 남들이 나를 평가할 때 내가 가진 특성이라고 말하는 것은?

☐ A. 현실적인 문제를 해결하는 특성을 가졌다고 말한다.

☐ B. 상상력이 풍부한 특성을 가졌다고 말한다.

26. 내가 선호하는 과제 수행 방안은?

☐ C. 전문가의 의견을 빌려서 과제 수행에 접근하는 것이다.

☐ D. 새로운 통찰력을 얻기 위한 아이디어를 활용하는 경우이다.

27. 내가 좋아하는 과제 해결 방법은?

☐ E. 모든 사람이 가장 높은 성과를 낼 수 있도록 상상력을 발휘하여 새로운 과제를 수행하는 방법을 추구

☐ F. 많은 사람들이 내놓는 아이디어들 중에서 가장 실질적인 것을 결합하면서 과제를 해결하는 방안을 추구

28. 다른 사람들에게 알려진 나의 유형은?

☐ G. 모든 것을 수용하는 개방적 유형이다.

☐ H. 원칙과 규정에 입각해서 행동하는 유형이다.

창조력 프로파일 진단 채점표

	A	B	C	D	E	F	G	H
1								
2								
3								
4								
5								
6								
7								
8								
9								
10								
11								
12								
13								
14								
15								
16								
17								
18								
19								
20								
21								
22								
23								
24								
25								
26								
27								
28								
합계								

채점방법

설문에 답한 점수를 제시되는 채점표에 기입하고 합계를 계산한다.

앞에서 1~28까지 체크한 문항을 채점표에다가 옮겨 놓는다.
채점표에는 A 부터 H까지의 난이 제시되어 있다. 이제 이들 각 난을 모두 채우면 합계를 낼 수 있다.

합계 점수까지를 도출한다.

다음 장에 제시된 레이더 도표를 이용하여 해당되는 A에서 H까지 점수를 표기하라.

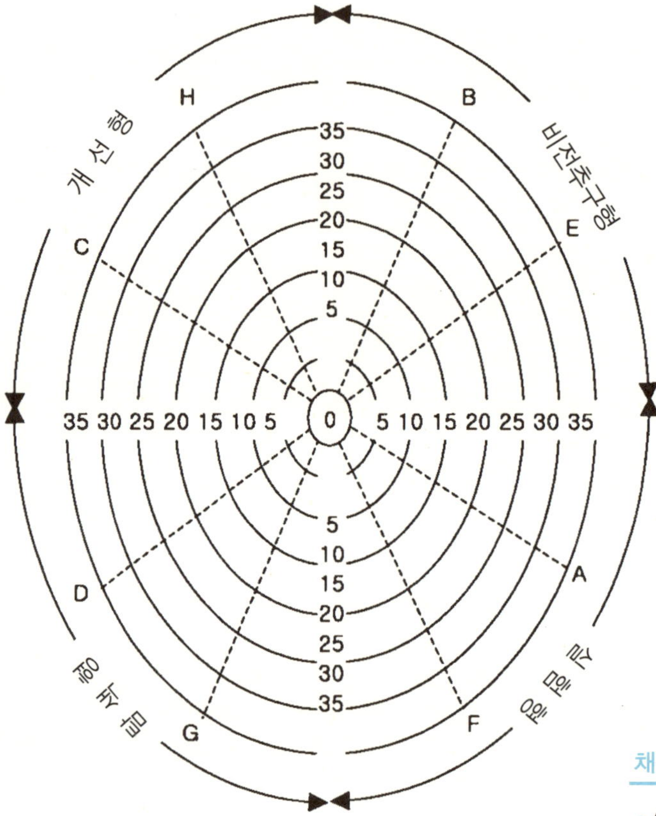

채점방법

- A에서 H까지 해당되는 점수의 합을 제시되는 도표에 표기하세요.
- 도표를 작성할 때 각각의 점수를 표시한 다음 이들 점수를 색깔이 있는 선으로 연결하세요.
- 각각의 스타일이 나타내는 면적을 색깔로 표시하세요. 이를 통해 가장 큰 면적을 가진 스타일이 자신이 가장 선호하는 스타일을 나타냅니다.
- 최종결과를 다른 동료들과 비교하면서 서로 토의해 보세요.

창조력 스타일 프로파일 피드백

탐색형 스타일(탐험가)

- 탐색형 스타일은 무엇인가 새로운 것을 찾아내거나 또는 과거에는 불가능하다고 생각하던 것을 수행하는 것을 선호한다.
- 문제/주제를 찾는 것을 좋아하고, 지금까지 가보지 않은 영역에 들어가 보고, 여러 가지 정보를 찾는 것을 좋아한다.

비전 추구 스타일(예술가)

- 수집된 아이디어를 여러 가지 측면에서 살펴보고 또 관찰하는 예술가적 접근을 한다.
- 상상력을 동원하여 이상적인 결과가 어떻게 될까를 생각하고, 부서원이나 팀원에게 꿈과 희망을 제공한다.
- 창조력을 통하여 달성하기를 원하는 꿈인 비전을 그린다.
  기존의 규칙이나 규정을 깨뜨려보고, 또 이것을 만들어 보기도 한다.

개선형 스타일(재판가)

- 진실이고 또 사실이라고 입증된 자료나 정보를 중심으로 이를 수정하고 또 개선하기 위해 새로운 시도를 추진한다.
- 새로운 아이디어가 가진 장점과 단점을 면밀히 분석하고 또 검토한다.
- 한 번에 한 단계씩 앞으로 나아가는 것을 선호하며, 팀이나 부서로 하여금 안정을 전제로 하면서 완벽하게 과업을 수행하도록 이끌어 간다.
- 아이디어가 갖는 가치를 분석하고 추진여부를 결정한다.

실험형 스타일(전사/투사)

- 새로운 아이디어를 실제로 실험해 보고 또 행동화하는 것을 좋아한다.
- 기존의 아이디어와 새 아이디어를 결합하여 제3의 아이디어나 유용한 절차 및 방법을 개발하는 것을 선호한다.
- 아이디어가 수용되고 또 실천되기 위하여 공격적이고 또 진취적인 특성을 가진다.
- 아이디어를 개발하는 데만 관심을 갖는 것이 아니라 이를 실제로 추진하고 성사시키는 데 관심을 가지기 때문에 어려움에 직면해도 이를 뚫고 갈 마음의 준비를 갖는다.
- 팀/부서원이 행동지향적으로 나갈 수 있도록 고무한다.

창조력에 대한 서로 다른 4가지 접근법

- 각자가 가진 서로 다른 창조력 스타일을 이해하는 것은 개인과 조직생활에서 새로운 아이디어를 추구하고 또 변화를 달성하는 데 큰 도움을 준다.

- 개인이 4가지 스타일 중에서 어떤 한 가지만 가지는 것은 아니다. 그 대신 이 4가지 스타일은 창조력이 '탄생－성장－성숙－실천'되는 과정에서 서로 혼합되어 나타난다.

- 창조력 스타일은 때(타이밍)에 따라 서로 다른 것이 요구된다.

- 따라서 다루는 주제/문제와 상황에 따라 요구되는 창조력 스타일도 서로 다르다.

크리에이티브 문제 개발 프로세스 CCL(Center for Creative Leadership)

제 1 단계 : 당신이 개인적으로 또는 사회적(대학생활/직장생활)으로 개선이나 변화를 하고 싶어 하는 것 3가지를 각각 기록하라.

개인

① ______________________________

② ______________________________

③ ______________________________

사회

① ______________________________

② ______________________________

③ ______________________________

제 2 단계 : 앞의 문제 중에서 지금까지의 방법과 다르고 또 창조적인 접근법을 필요로 하는 것은 무엇인가? 1단계에서 작성한 개인 및 사회문제 3가지 중에서 2개만 선택해서 기록하라.

개인

① ______________________________

② ______________________________

사회

① ______________________________

② ______________________________

제3단계 : 제2단계에서 작성한 개인 및 사회의 두 개 문제 중에서 자신에게 가장 절실한 문제를 하나씩만 선택하라. 선택기준은 다음과 같다.

1) 이 문제가 나에게 얼마나 중요한가? (중요성)

2) 내가 이것을 해결할 수 있는가? (문제해결의 주체성)

3) 내가 이것을 실제로 해결할 수 있는가? (자신감)

개인

① --

사회

① --

제 4 단계 : 문제에 대한 기술: 선택한 문제를 "어떻게 하면 …할 수 있을까?" 형태의 문장으로 바꾸어라

개인

① --

사회

① --

제 5 단계 : 문제에 대한 기술: 선택한 문제를 "나는 …되었으면 좋겠다." 형태의 문장으로 바꾸어라

개인

① --

사회

① --

모듈 7

창조력 사례 연구

창조력이란 무엇인가?

- 21 세기는 세상이 완전히 뒤바뀔 만큼 과거와는 단절된 세기
- '진화'나 '부흥'이 아닌 '탄생'의 세기
- 수십 년간 성공적이라고 믿어 왔던 관행과 인식이 완전 폐기됨
- 과거의 연장선이 아님
- 16세기 포틀로메이우스의 천동설이 코페르니쿠스의 지동설로 바뀌는 역사적 변곡점.

New Idea 발상

- 불편함을 고쳐보겠다는 적극적인 사고방식
- "나는 해낼 수 있다" 는 긍정적인 사고
- 새롭고, 싱싱하고 또 매력적인 궁리를 하겠다는 꾸준한 노력
- 조그마한 일이라도 좋은 생각이 떠오르면 이를 메모하고 소중히 여기는 습관
- 무엇인가 자신의 힘으로 변화를 시키겠다는 노력

'아이디어 왕국' 창조

- 누구나 자신이 일하는 분야에서 새롭고 독창적인 사고를 할 수 있음.
- 시간을 절약하고, 낭비를 막을 수 있으며 생활을 편리하게 해 주는 아이디어를 발상함.
- 코스트를 절약하게 해 주고, 부가가치를 높여 주며 불가능한 것을 가능하도록 바꾸는 아이디어를 발상함.
- 이 같은 아이디어가 흥미롭고, 보람있고, 능률을 높여 주는 '마법의 무기'가 되도록 실천함.

창조력의 근간

- "나도 창조적인 일을 해 보고 싶다."라는 강한 욕구
- 생활 주변에서 불편한 것을 찾아 편리하게 만드는 습관
- 아무리 사소한 것이라도 좀더 지혜롭게 하고자 하는 습관
- 특허청의 산업재산권 중 실용신안은 기존 발명품의 기능을 보다 편리하게 개선한 고안(15년 독점권리보장)
- 의장은 기존 발명품의 모양 및 스타일을 보다 아름답게 디자인한 고안(10년간 독점권리 보장)
- 지적재산권을 이용하여 자기의 창조력을 보호하는 것이 창조력 실천의 근간 (예, 미국의 에디슨)

아이디어가 낳은 창조적 발명품 사례

증기기관

반사 망원경

소 총

추시계

시멘트

자전거

인쇄기

수력발전소

가라오케

한국인의 발명 리스트

● 사례 1

— 금속활자(1234년 고려에서 발명). 이는 독일 Gutenberg의 발명(1455)보다 200년 이상 앞선 것

● 사례 2

— 3단계 인쇄술 : 목판인쇄술, 활자인쇄술(진흙활자, 나무활자), 금속활자

● 사례 3

— 한글 : 한민족의 독창성과 과학정신의 집대성(1430년경 세종대왕과 일군의 학자팀이 완전히 새로운 유니크한 한글을 창조함)

● 사례 4

— 첨성대 : 633년 또는 647년에 세워진 것으로 중앙의 창문을 통해 하늘의 천체 운동을 관측했음.

● 사례 5

— 측우기 : 세계 최초의 강우량 측정장치

● 사례 6

— 수표(水標) : 강물이나 개천에 흐르는 물의 양을 측정하기 위한 발명

● 사례 7

— 거북선 : 전선(戰船)에 거북이 등과 같은 지붕을 설치하는 아이디어에서 창조. 이는 임진왜란 때 이순신 장군이 우리나라를 침략해온 왜군의 접근을 차단하고 적당한 거리를 유지하면서 대포를 쏘고 화공(火攻)을 한 것으로, 인류사상 가장 혁신적인 발명품.

● 사례 8

— 홍대용(1731~1783) : 동양인 최초로 지구가 하루에 한 번 자전하여 낮과 밤이 된다고 천문학에 관한 창조적 이론을 주장함.

신 식품으로 빈곤 해결 창조력

일본의 사업가 안도 시로후쿠 : 인스턴트 식품 '컵라면' 발명

- 2차 대전 패망 후 일본인은 미국이 원조한 잉여농산물인 밀가루로 빵을 만들어 연명함
- 그러나 일본인은 쌀밥을 주식으로 하던 전통적인 식습관 때문에 빵만으로는 식후의 허기찬 공복감을 달랠 수가 없었음
- 이 때 밀가루를 이용한 새로운 식품개발을 생각한 사람이 바로 안도 시로후쿠 씨
- "밀가루를 이용해서 쌀밥 못지 않은 주식을 개발할 수 없을까?"
- 5년 동안 끈질기게 연구했음에도 불구하고 언제나 실패. 그는 의욕을 잃고 매일 술로 지내다가 어느새 폐인이 되어감
- 어느날 술집 주인이 어묵을 기름에 튀기는 모습을 바라보던 시로후쿠의 입에서 탄성이 나옴. "기름에 튀기는 원리를 이용하자!"
- 밀가루를 국수로 만들어 기름에 튀겨보았고 그 결과는 성공이었음.
- 기름에 튀기자 국수 속의 수분이 증발하고, 국수가 익으면서 속에 작은 구멍이 무수히 생겼음.
- 이것을 건조시켰다가 다시 뜨거운 물을 부었더니 이번에는 작은 구멍에 물이 들어가면서 먹음직스러운 라면이 되었음.
- 그가 만든 컵라면인 치킨라면은 전세계가 라면을 소비하는 계기를 만들었음. 그는 자신의 발명품인 라면이 세계적으로 확대되도록 특허등록을 하지 않았음.
- 데우기만 하면 바로 먹을 수 있는 죽, 카레, 짜장, 미트볼, 구운 김, 통조림, 식혜 등도 지속적으로 발명하였음(일청식품 창설).

사랑이 낳은 아이디어 "안전핀"

1849년 미국의 Walter Hint라는 가난한 청년이 부잣집 딸과 사랑을 하고 둘은 결혼을 약속하였다.

처녀의 아버지는 Walter가 가난하다고 결혼을 반대하였지만 어머니는 그의 성실한 자세를 보고 결혼에 동의하였다. 그런데 결혼을 허락하는 조건으로 처녀의 아버지가 다음과 같이 제시하였다. 즉 "1주일 내에 부정한 방법을 쓰지 않고 1,000$를 구해오면 결혼을 승낙하겠다."

당시 1,000$는 엄청난 거금

사형선고나 마찬가지였으나 포기하지 않고 궁리 하던 중, 그 해 '부활절'에 사랑하는 애인과 만나서 데이트 하던 Walter는 그녀가 가슴에 장식한 브로치핀에 찔리는 것을 보았다.

이 때 번개와도 같은 '아이디어'가 떠올랐다. "어떻게 하면 찔리지 않는 핀을 만들 수 있을까?" 하는 생각으로 기존의 핀을 두 번 구부려 오늘날과 같은 안전핀을 만들었다.

Walter는 자신이 만든 안전핀에 대한 아이디어를 핀 제조공장에 1,000$에 팔았다.

자신의 능력을 인정받은 그는 사랑하는 애인과 마침내 결혼하였다.

아이디어를 지키는 것은 특허 출원

작은 발상의 전환으로 이루어진 생산적이고 참신한 아이디어는 특허 신청과 연결시켜야 한다.

아이디어를 창출하고 새로운 것을 만드는 발명만큼 중요한 것은 바로 아이디어를 지키는 일이다.

국내는 물론 선진국 및 후진국에도 먼저 특허를 신청하자.

아이디어가 풍부하고 그것을 특허화시킨 민족은 모두 선진국이 되었지만 그에 뒤떨어진 민족은 후진국으로 영원히 남는다.

스트렙토 마이신 아이디어

왁스만은 결핵, 이질, 설사 등의 치료약성분을 흙 속에 사는 미생물에서 찾아냈다.

그의 연구는 각종 세균에 흙 용액을 섞어서 관찰하는 일이었다.

어느날 세균이 모두 죽어버린 배양관을 발견하고 곰곰이 생각을 거듭한 끝에 흙속에 어떤 미생물이 세균을 모두 죽였다는 것을 깨달았다.

4년 동안 연구를 계속한 끝에 그는 '스트렙트 마이세스 글리세우스'라는 미생물을 발견하였고 이것은 페니실린도 어쩌지 못하는 세균을 죽였다. 이것이 계기가 되어서 제2차 세계대전이 한창이던 1944년에 수도 없는 사람들의 생명을 구할 만큼 놀라운 위력의 스트렙토 마이신이 탄생하였다.

철근 콘크리트 아이디어

제1단계 :

- 1865년, 불란스 파리 근교에 살던 모니에가 발명하였다.
- 화초를 재배하기 위해 진흙으로 만든 화분은 충격에 약해 쉽게 깨졌다.
- 그는 궁리 끝에 시멘트와 모래를 섞은 후 물로 배합해 콘크리트 화분을 개발하였다.
- 흙 화분보다는 견고했지만 그는 이 정도로 만족할 수 없었다.

제2단계 :

- 100여 가지가 넘는 화분을 만들고, 부수고 새로 만들기 2년.
- 철사그물로 화분모형을 만든 다음 시멘트를 입혀보았다. 그런데 이것이 지금까지 만들어진 어떤 것보다 훨씬 튼튼했고, 이를 즉시 특허로 출원하였다.
- 화원을 멋지게 개조하기로 결심하고, 경사진 곳에 계단을 만들고, 개울을 가로질러 다리를 세웠다. 이때 철사그물 대신 철근을 넣어 계단과 다리를 만들었다. 이것이 바로 철근 콘크리트를 이용한 세계 최초의 공사였다.

자동차 카뷰레터 아이디어

연료절약과 열효율 향상 그리고 품질개선에 일대혁명을 일으킨 카뷰레터는 찰스 듀리어가 수년에 걸쳐 연료 절약형 자동차를 연구하는 과정에서 탄생하였다.

어느날 자기 부인이 외출준비를 하면서 마지막으로 향수병을 들고 가볍게 뿌리는 모습을 보았다. 분무식 향수병은 안개처럼 향수를 내뿜으며 주위를 그윽한 분위기로 바꾸어 놓았다.

"이 원리를 이용해 보자"는 생각으로 엔진의 실린더에 가솔린을 안개처럼 불어 넣는 방법을 이용하여 카뷰레터를 개발하였다.

신기술은 아이디어를 통해 "새로운 것"을 창조하는 것

- 세계 상품시장에서 환영 받을 만한 첨단기술
- 보유기술을 보다 세련되게 향상시키는 기술
- 눈에 보이는 부분에서부터 보이지 않는 부분까지 부가가치를 향상
- 이상을 달성하기 위해서는 '아이디어' 발상이 중요

발명의 사례

1. 아르키메데스의 '유레카'

2. 샤르드네(佛 화학자)의 인조견사

- 파스퇴르의 제자
- 누에병을 연구하다가 사진에 대한 흥미에서 그 재료인 콜로디온 연구를 병행
- 콜로디온을 작은 구멍을 통해 밀어내자 누에가 내뱉는 명주실처럼 가는 실이 나왔음
- 누에 명주를 대신하는 '인조견사'를 발명

신상품 아이디어

- 사례 1

  – 이태리 건축가 '루이지 꼴라니'가 디자인한 심멜(Shimmel)피아노

  – 콜라니 그랜드 피아노, 페가수스 그랜드 피아노

- 사례 2

  – 독일 우유업 단체가 세계 각국 디자이너에게 의뢰한 우유잔 디자인

- 사례 3

  – 핀란드 Private case : 재생종이로 만든 박스와 가방(아리 코로라이넨 사장)

- 사례 3

  – 스위스가 발명한 스와치 시계

- 사례 4

  – 일본의 나카무라 켄이 발명한 TRON 소프트웨어.

모듈 8

당신의 **창조력**에 날개를 달아라
– 실습

본 과정에서의 창조력 단계(Park) : 5단계

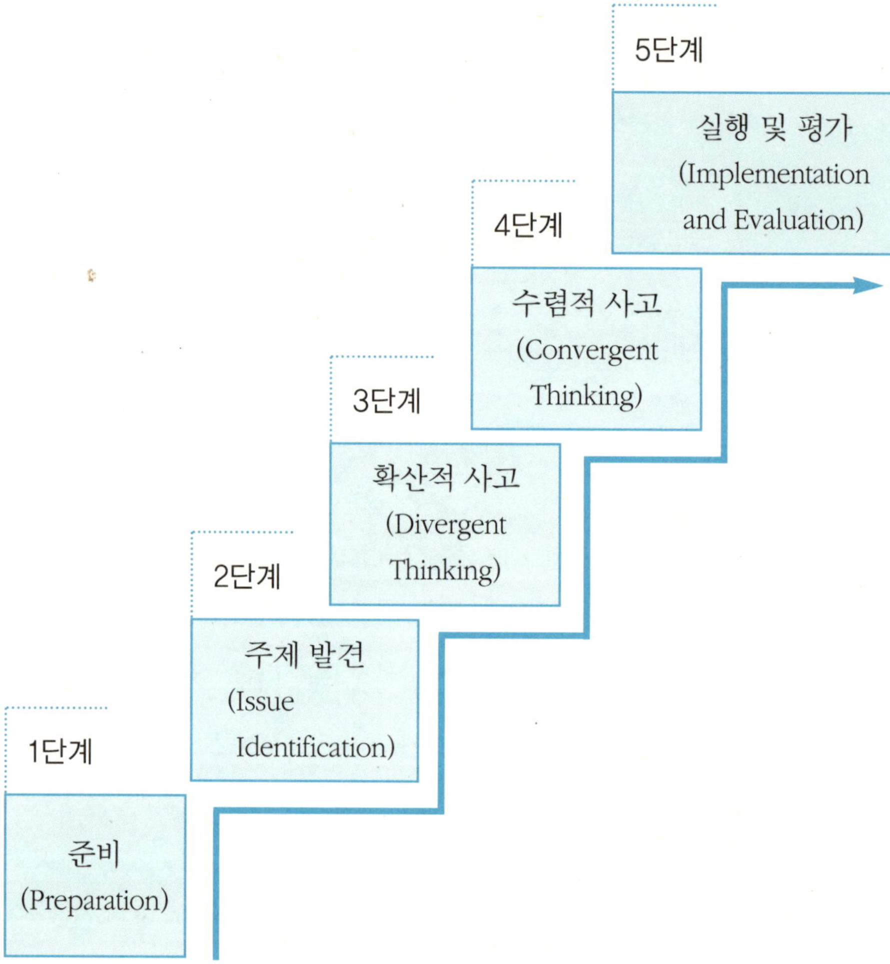

창조력을 실행하는 데는 과정과 단계가 있다.

〈창조력의 단계 = 과정(Process)**〉**

- 제 1단계 : 이것은 준비를 하는 것으로, 여기에는 정보, 지식 그리고 마음의 준비를 갖추는 것 등도 포함된다.

- 제 2단계 : 주제 발견. 이는 어떤 이슈를 중심으로 아이디어를 발상해야 하는가를 분명히 하는 단계이다.

- 제 3단계 : 확산적 사고와 아이디어를 따스하게 데우기. 결정된 주제를 중심으로 여러가지 창조력 관련 기법과 테크놀러지를 활용하면서 다양한 아이디어를 내는 단계이다.

- 제 4단계 : 수렴적 사고. 나온 아이디어들을 분석하고 평가하는 단계로, 이 단계에서 유용하고, 새로운 아이디어를 선택한다.

- 제 5단계 : 실행 및 평가. 아무리 좋은 아이디어가 창조력을 통해서 나와도 실행이 안 되면 의미가 없다. 그리고 실행과 평가는 같은 단계로 즉시 이루어지는 것이 바람직하다

제1단계

이것은 준비를 하는 단계로, 여기에는 정보, 지식 그리고 마음의 준비인 Mental 모델 등을 갖추는 것 등이 포함된다.

이 단계는 자신의 업무와 관련된 폭넓은 분야에 대해 파악하고, 이해하고, 전문성을 가지는 것이 포함된다.
예를 들어 혈우병을 치료하는 혈액응고신약을 개발하는 제약회사에 일하는 연구자는 의학, 화학, 생물학, 생화학 등 유관 분야에 대해 지식과 기술적 능력을 가지는 것이 필수적이다.
또한 자신을 둘러싼 세상에 대해 늘 파악하고, 이해하고, 꾸준한 관심과 호기심을 가지는 것도 필요하다.

창조력은 무(無)에서 나오기는 어렵다.
창조적 결과물을 얻기 위해서 밟아나가야 할 과정 중 첫 번째 단계가 '준비' 단계라고 할 수 있다.

1단계

준비
(Preparation)

제2단계

이것은 주제발견 단계이다. 즉, 어떤 이슈를 중심으로 아이디어를 발상해야 하는가를 분명히 하는 단계이다. 이 단계는 창조적 역량을 집중시킬 주제를 찾는 것이다. "창조력 발휘의 대상"을 찾는 것이다.

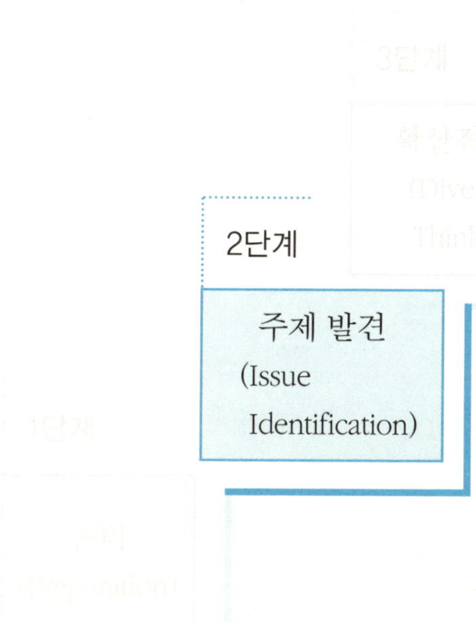

특히 Issue identification은 다음의 기준을 참고하는 것이 바람직하다.

- 내가 주체가 될 수 있는 이슈
- 최종적인 성과를 도출할 때까지 이끌어 갈 수 있는 느낌을 주는 이슈
- 새로운 발상과 아이디어를 도출함으로써 더 나은 결과를 가지고 올 것이 예상되는 이슈

구체적인 예로 품질컨설팅 영역의 구루(Guru)인 Juran과 Deming은 품질을 높이기 위해서 QC에 창조력을 집중시켰으며 이것이 오늘날 Six Sigma로 까지 발전하였다.
핀란드에 본사가 있는 노키아의 경우 80년대에 노키아가 어떤 업종으로 진출해야 살아남을 수 있을까를 고민하였다. 그 전까지 고무보트, 플라스틱제품, 피임용 콘돔 등을 생산하던 회사가 그 후 최첨단 모바일 폰 회사로 변신하였다.

창조적으로 어떤 이슈를 해결하고자 한다면 도대체 무엇을 대상으로 할 것인가 즉 "이슈 식별"이 가장 우선 순위가 높고 중요하다고 할 수 있다.

제3단계

확산적 사고.
결정된 주제를 중심으로 여러 가지 창조력 관련 기법과 테크놀러지를 활용하면서 다양한 아이디어를 내는 단계이다.

제3단계는 창조적 사고를 실현하는 데 중요한 단계로 기존 아이디어를 새롭게 결합하는 것이 이루어진다.

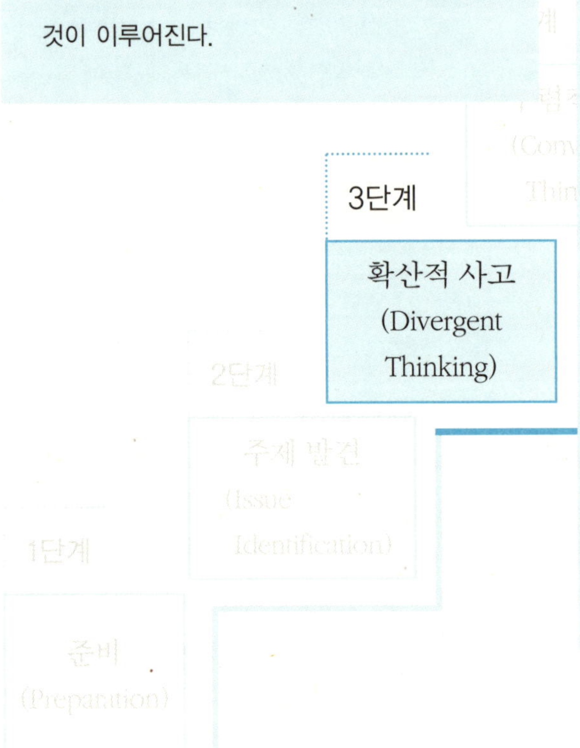

제3단계에서는 사고의 확장을 위한 여러가지 창조력 기법 및 테크놀러지가 많이 활용된다.
또한 이 단계에서는, 활용되는 Skill 이외에도 개인의 성격이나 사고방식, 일하는 방식 등이 큰 영향을 미치게 된다.

확산적 사고를 자유롭게 하는 사람은 주로 다음과 같은 특징을 가진다 :

1) 현재 상태(Status quo)와 동떨어진 솔루션을 찾고자 한다.
2) 찾아 낸 이슈에 반대로 접근해 본다.
3) 외견상 전혀 관계 없는 분야의 지식을 결합시킨다.

이슈에 대한 잉태(Incubation)란?

선택한 이슈를 중심으로 창조적 사고를 하다가 "어렵고 풀려지지 않는 이슈"를 잠시 옆으로 제쳐두는 단계를 말함.

인큐베이션을 우리말로 하면 잉태, 숙성, 부화 등으로 해석될 수 있다.

세 번째 단계인 확산적 사고를 통해서 도출된 여러 아이디어와 생각들을 펼쳐 놓은 상태에서 적합한 솔루션이라는 확신이 들지 않을 때, 다음 단계로 가기 전에 잠시 중단하고 휴식의 시간을 갖는 것이다. 인큐베이션은 새로운 휴식을 통해 재충전을 하자는 것이다. 팀원들이 아이디어회의를 하면서 포스트 잇을 붙이는 등 여러 가지 확산적 사고 기법을 활용해서 회의를 하다가 휴식을 가지면서 새로운 재충전을 모색해 보는 것이다.

그리스의 철학자이자 물리학자, 과학자인 아르키메데스가 왕관의 순금 여부를 알아보기 위한 성분검증을 의뢰 받고 해결방법을 모색하다가 목욕탕에서 잠시 쉬는 시간을 가진 것도 Incubation이라 할 수 있다. 아르키메데스는 우연히도 이러한 Incubation의 단계에서 해결책을 발견한 것이다. 그리고 이것이 그 유명한 '유레카'의 배경이다. 유레카는 그리스어로 "Eureka" 이며, 그뜻은 "내가 발견했다" 를 의미한다.

독일의 유명한 과학자 F.A. Kekule의 사례를 보자. 그는 벤젠의 화학 구조에 대해서 오랫동안 연구를 해 왔다. 어느 날 연구에 지쳐서 잠을 자러 침실에 갔는데 꿈 속에서 뱀이 똬리를 튼 모습을 보고 깜짝 놀라 일어나 꿈에 본 뱀의 모습과 자신의 이슈와 연관을 찾게 되었고, 이것이 바로 벤젠 화학구조 발견이다.

한 이슈를 너무 골똘히 생각하면 사고력(思考力)이 탕진되어 버릴 수가 있다. 이 때는 재충전이 필요하며 이 같은 경우에 Incubation을 활용하면 마치 닭이 계란을 품어서 병아리를 만드는 것처럼 보다 더 발전된 아이디어를 얻을 수 있는 것이다.

TIP 한국형 '확산적 사고(Divergent Thinking)'에 강해지는 법

- 한국 사람들은 유교문화의 영향으로 삼강오륜에 의해 여러 가지 제약을 받고 자랐다.

- 다른 문화의 사람들과 일할 때 한국 사람들이 보이는 공통적 현상으로 아래와 같은 것이 있다.
  - 상사가 있으면 자기 뜻을 잘 밝히지 못하고 우물쭈물 한다
  - 분명히 물어 볼 것이 있지만 질문하기를 주저한다.
  - 나이가 어리거나 직급이 낮은 사람이 직설적인 질문을 하면 상사는 이를 수용하는데 어려움을 느낀다.
  - 아이디어가 사고의 날개를 달고 훨훨 날아 다니도록 하는 데 제한적이다.

- 그렇다고 한국사람의 이런 문화적인 특징을 하루아침에 모두 파괴할 수는 없다.

- 우리 문화에 맞는 한국형 '확산적 사고(Divergent Thinking)'에 강해지는 법은 무엇일까?(여러분의 아이디어를 다음에 기록해 보자.)

1) ____

2) ____

3) ____

4) ____

5) ____

확산적 사고(Divergent Thinking) 기법

(1) 오스본의 체크리스트법(OSBORN'S CHECKLIST FOR NEW IDEAS)

(2) 퍼스펙티브 기법

(3) Visual Connection

(4) Brain Storming

(5) Brain Writing(브레인 라이팅)

(6) [추가] 노벨 시나리오(NOVEL SCENARIOS)

P·O·I·N·T

확산적 사고(Divergent thinking)는 창조력 프로세스 중에서 가장 중요한 단계이다.
따라서 확산적 사고를 강화시키는 Tool의 수는 대단히 많다.(현재 약 650여 개)
이 때 사용되는 Skill 및 Tool들은 반복해서 활용해야 익숙해진다.

확산적 사고(Divergent thinking)의 핵심은 다수의 아이디어 발상이다. 이를 위해서 활용이 가능한 스킬 및 테크놀러지는 대단히 많다.
어떤 스킬, 어떤 기법을 사용할 것인가는 리더 및 멤버들이 함께 정하는 것이 바람직하다.

(1) 오스본의 체크리스트법(OSBORN'S CHECKLIST FOR NEW IDEAS)

- 다르게 사용하는 방법은 없는가?

  지금과는 달리 새롭게 사용하는 방법은 없는가? 개량하여 다르게 사용하는 방법은 없는가?

- 개조하면?

  이것과 다른 것은 없는가? 그 외에 어떤 아이디어를 시사하고 있는가? 과거에 같은 예는 없는가? 무엇인가 모방 가능한 것은 없는가? 누군가와 경쟁을 한다면?

- 수정하면?

  새롭게 바꾸어 본다면? 의미, 색, 움직임 또는 모양을 바꾸어 본다면? 그 외의 것도 바꾸어 본다면?

- 확대하면?

  무엇을 첨가하면? 빈도를 늘리면? 강하게 하면? 높게 하면? 길게 하면? 두껍게 하면? 가격을 올려보면? 성분을 추가하면? 이중으로 하면? 과장하면?

- 축소하면?

  무엇을 제거하면? 작게 하면? 압축하면? 소형화하면? 낮게 하면? 짧게 하면? 가볍게 하면? 생략하면? 유선화하면? 분할하면? 과소평가하면?

- 대용해 보면?

  어떤 것을 대신 쓸 수 있을까? 다른 성분은? 다른 물건은? 다른 공정은? 다른 동력은? 다른 장소는? 다른 사고법은? 다른 소리는?

- 조립해서 고치면?

  성분을 교체하면? 다른 패턴은? 다른 배열은? 다른 순서는? 원인과 결과를 바꾸면? 속도를 바꾸어 보면? 스케쥴을 바꾸면?

- 반대로 해 보면?

  긍정과 부정을 바꾸면? 정반대로 해 보면? 향후에 해 보면? 뒤집어 보면?

역할을 반대로 해 보면? 방향을 바꾸면? 책상 방향을 바꾸면? 모양을 바꾸어 보면?

- 짜맞추면? (조립하면)

혼합해 보면? 몇 개의 단위로 짜맞추면? 목적에 맞추어 보면? 좋은 점을 찾아 보면? 아이디어를 찾아보면?

N·O·T·E

오스본의 체크리스트법은 개인이 창조적으로 사고하는 데 핵심이 되는 키워드를 제시한다.

알렉스 오스본(Alex Osborn)은 확산적 사고의 대표적인 기법인 '브레인 스토밍'을 개발한 사람이다. 특히 그가 미국에서 광고회사를 경영할 때 광고아이디어를 발상하기 위해서 브레인 스토밍기법을 만들어서 활성화시켰다.

그 후 개발된 체크리스트법은 유용한 아이디어 개발에 널리 활용된다.

이것은 축소하면 어떤가? 확대하면 어떤가? 등의 질문을 계속해서 던져 보면서 더 나은 아이디어와 대안을 찾아 나가는 방법이다.

예를 들면 "축소하면 어떨까?" 라는 아이디어에서 Sony의 워크맨이 개발되었다.

"제거하면 어떤가?" 라는 체크리스트에 의해 가전 제품의 복잡다단한 다기능이 꼭 필요한 필수 기능으로 줄어 들었다(인도 수출용 30달러짜리 모바일 폰).

"성분을 교체하면 어떤가?" 의 경우로는 산업 플라스틱을 개발한 GE의 사례가 있다. 즉 "철을 교체할 수 있을 만큼 가장 강한 제품을 플라스틱으로 만든 경우" 이다.

이상의 체크리스트법을 실제 제품이나 서비스의 개선, 나아가 더욱 풍부하게 발상을 하기 위해서 사용해 보자.

개인적으로도 이용할 수 있고 팀이나 집단에서 활용하면 아이디어를 상호교류할 수 있다.

(2) 퍼스펙티브 기법(PERSPECTIVES)

퍼스펙티브 기법은 단어가 주는 이미지로부터 연상을 하여 아이디어를 발상하는 기법이다. 다음에 소개한 어휘들은 잘 사용되는 단어의 예이다.

시계	번화가	전력
미생물	외교	학교
습관	필름	별
테니스	휴일	축구
패션	미술	사진
명상	유적	공예
광 파일(光 file)	병원	바위
요리	I.C 회로	건물
이야기	공상소설	기후
꽃과 식물	시간	테러
도박	종교	비행기
예술	필적학	천문학
식품	재무	포도주
동물원	물리	우주여행
농원	의복	자동차
계절	시골	골동품
비밀	외국	암호
소비자	조립라인	로만스
엔지니어링	약품	경제

N·O·T·E

개인의 창조력을 발휘할 때 확산적 사고를 위한 또 다른 기법으로 '퍼스펙티브 기법' 즉 '관점법'을 활용하면 유용하다.

여러분은 새로운 아이디어를 찾지 못해 답답해 하면서 잡지나 사전 등을 마음대로 손가는 대로 펼치고 그 페이지에 있는 단어들을 아이디어 발상의 힌트로 활용해 본 경험이 있을 것이다.

피스펙티브 기법을 사용하는 경우에 사전을 이용해도 무방하다.

1) 한글 사전을 가지고 무선적(無選的)으로 페이지를 넘긴다.
2) 우연히 만나게 되는 단어와 자기가 창조력을 발휘하고자하는 이슈와 서로 연관을 맺는 연상을 한다.
3) 자신이 충분한 아이디어를 발상했다고 생각할 때까지 이 방법을 활용하여 반복한다.

(3) 비쥬얼 커넥션(Visual connections)

그림이나 사진을 보고, 여기에서 느낀 것을 테마와 연결시켜 기발한 아이디어를 만들어내는 기법이다.

사용할 그림이나 사진을 선정하는 한편, 보여줄 순서에도 충분한 주의를 기울이는 것이 이 기법을 효과적으로 활용하는 포인트이다.

● 비쥬얼 커넥션의 진행방법

1. V.C 시트를 팀 멤버들에게 배포하고, 각 멤버에게 해결해야 할 이슈를 기입하도록 한다.(팀 구성은 리더1명과 팀원 4~5명이 적절함)
2. 리더는 첫번째 사진을 멤버에게 보여주고, 이들은 마음속에 떠오르는 인상이나 이미지를 '#1' 시트에 짧은 문장으로 3~4가지 기입한다.
3. 리더가 두 번째 사진을 멤버에게 보여주면 멤버는 앞에서와 마찬가지 방법으로 기입하도록 한다.
4. 모든 절차가 끝나면, 기입한 이미지와 이슈를 강제 연결시켜 '연결'란에 연상한 아이디어를 기입한다.
5. 멤버는 각각의 아이디어를 발표하고 작성된 시트를 원래 이슈를 제기한 '문제 소유자'(Problem owner : Customer)에게 준다.

N·O·T·E

비쥬얼 커넥션 기법은 개인 아이디어 발산 및 팀 아이디어 발산에 적용이 가능하다.

이것을 하기 위해서는 여러 종류의 그림이나 사진을 준비하는 것이 필요하다.

– 예를 들면 많은 사람들이 모이는 소란한 시장 바닥과 같은 그림 또는 사진.

– 조용한 풍경과 같이 잔잔한 이미지를 주는 그림이나 사진.

– 아이들이 바닷가에서 모래를 가지고 노는 모습과 같은 그림이나 사진.

한 가지 유형만이 아니라 다양한 속성의 그림이나 사진을 준비하는 것이 바람직하다.

즉 그림을 보고 마음 속에 떠오르는 인상이나 이미지를 비쥬얼커넥션 시트에 짧은 문장으로 기록한다.

두 번째 사진이 제시되어도 같은 방법으로 실시한다.

모든 과정이 끝나면 기입한 이미지와 주어진 주제를 강제 연상을 통하여 '연결'란에 연상한 아이디어로 써 넣는다.

집단에서 실시하는 경우는 각자가 아이디어를 발표하고 시트는 리더에게 준다.

〈비쥬얼 커넥션 시트〉

이슈(문제) : ______________________________

____

____

사진#1 : ______________ 연결 : ______________

______________ ______________

______________ ______________

사진#2 : ______________ 연결 : ______________

______________ ______________

______________ ______________

사진#3 : ______________ 연결 : ______________

______________ ______________

______________ ______________

사진#4 : ______________ 연결 : ______________

______________ ______________

______________ ______________

(4) 브레인 스토밍(BRAIN STORMING)

A. F. OSBORN이 개발한 집단 발상기법으로 멤버들이 자유롭게 아이디어를 발상함으로써 아이디어의 연쇄반응을 일으켜 많은 수의 아이디어를 얻는 기법이다.

● 브레인 스토밍의 4원칙

아래의 4원칙은 브레인 스토밍을 실시할 때 반드시 지켜야 하는 중요한 원칙이다. 참가하는 모든 멤버들이 이 원칙을 지키는 것이야 말로 집단 토의에서 나오는 아이디어의 양과 질을 결정한다.

| 비판엄금 |

비판은 절대로 하지 않는다. 나온 아이디어에 대해 좋고 나쁨의 평가는 내리지 않는다. 아이디어 발상에 역행하는 발언은 삼간다.

| 자유분방 |

아이디어는 조잡해도 그대로가 좋다. 심사숙고하여 아이디어를 발상하지 못하는 것보다는 자꾸 아이디어를 내는 쪽이 좋다. 마음속에 떠오른 아이디어를 입 밖으로 내는 것을 두려워해서는 안된다. 다른 맴버의 아이디어에서 자극을 받아 보다 좋은 아이디어가 나올 수 있다. 뜻 밖의 것, 기상천외한 것 등 무엇을 말해도 좋다. 발상에는 금기가 없다.

| 질보다 양 |

아이디어의 수가 많을 수록 좋다. 아이디어가 많아야 혁신적인 것이 나올 가능성이 크다. 마음을 편히 갖고 많은 아이디어를 내면 그 중에서 좋은 것이 나온다는 자세로 임한다.

| 편승환영 |

집단발상에 필요한 것은 아이디어의 결합 또는 아이디어의 개선이다. 지금까지 나온 아이디어와 전에 나온 아이디어에 결합시킨다든지 또는 타인의 아이디어에 내 아이디어를 편승한다든지 해서 보다 좋은 아이디어를 만들어간다.

● **브레인 스토밍의 진행방법**

1. 리더가 팀 멤버들에게 이슈(문제)가 무엇인지를 밝히고 그 이슈에 대한 이유, 배경 등을 설명한다. 나아가 팀원들에게 적극적인 참여를 촉구한다.(멤버의 이해를 촉진한다.)

3. 리더는 브레인 스토밍의 4원칙을 멤버 전원에게 알려준다.

4. 리더는 멤버로부터 나온 아이디어를 칠판이나 화이트 보드에 모두 기입한다. (나온 아이디어에는 번호를 부여함)

   a. 리더 :

   자신의 아이디어는 말하지 않는다. 그러나 일단 준비만 해 둔다.

   두 가지 의미를 가진 아이디어는 다른 항목으로 나누어 기입한다. 아이디어가 나오지 않으면 이슈에 대한 다른 관점이나 다른 각도에서 힌트를 주어 멤버들에게 자극을 준다.

   b. 멤버 :

   한 번에 한 가지 발언만 한다. 발언의 속도를 리더가 기록하는 속도에 맞춘다.

   브레인 스토밍의 4원칙을 항상 잊지 않는다.

5. 브레인 스토밍이 끝나면 이슈(문제)를 제기한 사람인 고객은 리더 및 멤버의 충고를 받으면서 해결에 쓸모가 있을 듯한 아이디어를 평가하고 또 선택한다.

※주의점 : 브레인 스토밍은 짧은 시간(15분 정도)에 집중하여 실시하는 것이 효과적이다.

(5) 브레인 라이팅(BRAIN WRITING)

독일 Tuebingen대학의 Michael Diehl과 Wolfgang Stoeff가 개발한 브레인 스토밍이 가진 단점을 보완한 창조기법이다. 이 기법은 말없이 진행하는 집단 발상법이다. 이때 구성원들은 서로 대화를 하지 않고 아이디어를 브레인 라이팅 시트에 기록한다.

● **브레인 라이팅의 진행방법**

1. 팀원 각자는 브레인 라이팅 시트를 하나씩 갖고, 예비 시트 1매는 테이블 중앙에 둔다.
2. 브레인 스토밍의 4원칙을 준수한다. 이때 말은 하지 않는다.
   - 비판엄금 • 자유분방 • 질보다 양 • 편승 환영
3. 시작을 알리면, 각자는 자기시트의 가로 칸(11, 12, 13)에 3가지 아이디어를 짧은 문장으로 쓴다.
4. 3가지 아이디어를 가장 먼저 쓴 멤버가 자기 시트를 테이블의 중앙에 있는 시트와 교환한다. 두 번째 시트를 완성한 사람도 테이블 중앙에 나와 있는 시트와 자기 시트를 교환한다.
5. 새로 가져온 테이블 중앙에 있는 시트에 기입된 3가지 아이디어의 아래 칸(21, 22, 23)에 새로운 아이디어 3가지를 써 넣는다. 이때는 이미 기입되어 있는 아이디어로부터 자극을 받아 나온 아이디어도 좋고, 앞의 아이디어에 자기가 가진 아이디어를 조합이나 추가해도 좋다.
6. 중지신호가 있을 때까지 계속해서 시트를 바꾸어가면서 아이디어를 써 넣는다.
7. 팀 멤버가 6명인 경우 5분 정도의 시간이 적절하다.

〈BRAIN WRITING 법의 실시사례〉

1 1 커 피	1 2 인스턴트 스프	1 3 분 유
2 1 스파이스	2 2 호 프	2 3 우 유
3 1 소 – 스	3 2 인스턴트 스프	3 3 분 유
4 1 대 두	4 2 해 초	4 3 방향제
5 1 다이어트 식품	5 2	5 3 그을음 방지 필터
6 1 건조과일	6 2 세 제	6 3 약 품
7 1 조리기구의 보관 용구	7 2 액체비료	7 3 맥주 용기

〈BRAIN WRITING SHEET〉

1 1	1 2	1 3
2 1	2 2	2 3
3 1	3 2	3 3
4 1	4 2	4 3
5 1	5 2	5 3
6 1	6 2	6 3
7 1	7 2	7 3

(6) [추가] 노벌 시나리오(NOVEL SCENARIO)

이 기법을 브레인 라이팅이나 브레인 스토밍과 비교하면 발상되는 아이디어 수는 비교적 적지만 그 대신 매우 혁신적인 아이디어 발상이 가능한 것이 특징이다.

1. 핵심단어(KEY WORD)

리더가 문제의 문장 중에서 색다른 단어(KEY WORD)를 하나 선택한다.

2. 단어의 연상

멤버는 이슈와 관계되는 생각이나 이미지는 일단 잊어버린다.

핵심단어(KEY WORD)에서 다른 단어를 연상한다. 멤버는 앞에 나온 단어와 관련된 단어를 연상하여 발언한다. 리더는 이것을 하나씩 플립 차트에 기록한다.

멤버들의 발표가 한바퀴 돌면 가능한한 문제에서 가장 떨어져 있는 단어를 선택한다. 이때 다양한 의미와 이미지를 가진 단어가 바람직하다.

3. 이미지를 그린다.(명상)

멤버는 눈을 감고 몇 분간에 걸쳐 선택한 단어로부터 이미지를 그린다. 이때 시나리오는 이슈 또는 아이디어와는 무관해도 좋다. 리더는 각 구성원의 마음에 떠오른 시나리오를 발표시키고 이를 플립 차트에 기록한다.

4. 아이디어 발상(시나리오 연결)

시나리오 중에서, 색다른 단어를 선택한다. 멤버는 그 단어와 이슈를 결부시켜 아이디어 발상을 한다.

5. 구체적인 아이디어가 되도록 한다.

나온 아이디어를 실현 가능한 아이디어로 만든다. 리더는 나온 아이디어를 항목별로 정리하면서, 이슈를 제기한 고객에게 유용한 아이디어가 되도록 토의를 진행한다.

제4단계

수렴적 사고.

나온 아이디어들을 분석하고 평가하는 단계로, 이때 유용하고, 새로운 아이디어를 선택한다.

앞에서 다룬 확산적 사고는 다수의 스킬을 이용해서 많은 수의 이이디어를 내는 것이었다. 그러나 많은 아이디어를 다 사용할 수 없기 때문에 이 단계에서는 옥석을 구분해야 한다. 이러한 실천가능한 아이디어를 선별하는 것이야말로 실천과 실행을 위해서 반드시 필요하다.
특히 수렴적 사고(Convergent thinking)에서는 대뇌의 좌반구가 활동한다.
이때 분석하고 또 종합하는 논리적 및 합리적 사고 능력이 여기에 동원된다.
어떤 아이디어를 고를 것인가는 자신의 꿈, 팀이나 회사의 목표에 의해 결정되는 것이 원칙이다.
이를 위해 개인 및 회사의 목표를 명확히 하는 것이야 말로 아이디어 평가의 중요한 기준이다.

4단계

수렴적 사고
(Convergent Thinking)

5단계

실행 및 평가
(Implementation and Evaluation)

아이디어 평가는 주관적으로 개인이 실시하기 보다 집단으로 팀에서 실시하는 것이 좋다.

집단으로 아이디어를 평가하면 :
- 집단 멤버 전원의 지혜가 나온다.
- 집단 멤버 모두의 참여의식이 생긴다.
- 따라서 아이디어를 실행할 가능성이 높아진다.

물론 이질적인 생각을 가진 사람들이 서로의 아이디어를 평가하고 선택하는 과정에서 충돌이 있을 수도 있다. 그러나 충분한 검증과 토론을 하는 확산적 사고를 통해 자유롭게 흩어진 아이디어들을 철저하게 종합하고 분석하는 데에는 집단 활동이 필요하다.

TIP 다양한 전문적 배경과 창조력

실험심리학의 연구에 의하면 능력, 기술, 지식면에서 서로 이질적인 구성원으로 이루어진 집단이 동질적인 구성원으로 이루어진 집단보다 더 창조적으로 업무를 수행하고 있음을 일관되게 보여주고 있다. 이러한 사실이 실제 업무현장에서도 유효함을 증명하기 위해 수잔 잭슨은 199개 은행의 CEO를 접촉해 자신들 조직의 창조력을 평가하고 경영진 가운데 핵심적 역할을 하는 상위 여덟 명을 뽑아주도록 요청했다.

잭슨은 제품, 프로그램, 서비스에서의 혁신의 정도와 최고경영진의 기능적인 배경에 있어 이질적 정도와의 사이에서 높은 상관관계가 있는 것을 발견했다.

즉, 서로 다른 전문적 배경과 경험을 가진 사람들로 이루어진 팀이 예컨대 대부분 마케팅 요원으로 구성된 동질적인 팀보다 훨씬 더 창조적이었다.

— 책 『스파크』에서 발췌 —

수렴적 사고(Convergent Thinking)의 기법

1) 쌍 비교법
2) HIT / HOT SPOT
3) [추가] 4단계 아이디어 평가법

아이디어 평가란?

- 아이디어가 나와도 평가/선택을 잘못하면 이를 실현하기가 어렵다. 또, 아이디어란 그 자체만으로는 실용적인 것이 아니다.

- 어떤 아이디어를 고를 것인가는 자신의 꿈, 회사의 목표에 의해 결정되는 것이 원칙이다.
  이를 위해 개인 및 회사의 목표를 명확히 하는 것이야말로 아이디어 평가의 중요한 기준이 된다.

- 아이디어 평가는 주관적으로 개인이 실시하기보다 집단으로 실시하는 것이 좋다.

〈집단 아이디어 평가〉

1) 개인의 지혜보다 집단 지혜 창출
2) 참여의식 제고로 팀 만족도 향상
3) 실천에는 집단력이 필요함.

(1) 쌍 비교법(Paired Comparison)

이슈 :

	B	C	D	E	F	G	H	I	합계점수
A									A
B									B
C									C
D									D
E									E
F									F
G									G
H									H
I									I

N·O·T·E

수렴적 기법 중에서 흔히 사용되는 것은 '쌍 비교법'이다.
이것은 통계학에서 사용되는 방법으로 'Paired comparison'이라고 부른다.

즉 해당되는 이슈에 대해서 제기된 아이디어가 A에서 I 까지 9개 나왔다고 하자.
이 경우 우선순위를 어떻게 매길 것인가를 이 쌍 비교법이 제시한다.

즉 A와 B를 비교하고, A와 C를 비교하고 A에서 I 까지 비교가 종료되면 B와 C 등의 순으로 다시 두 개씩 비교한다.

합계점수 란에는 두 가지 요인 비교에서 무게(Weight)가 무거운 쪽을 기록하는데, 이때 그 차이를 숫자로 적는다.

전체 과정이 끝나면 어떤 요인이 가장 비중(Weight)이 무겁고 그 정도는 얼마인가를 숫자로 표시할 수 있다.

Paired comparison법은 군대에서 장군 진급 심사 시에 사용된다.
즉 다수의 후보자를 놓고 승진 적임자를 뽑는 진급 결정을 할 때 유용한 방법이다.

(2) Hit 및 Hot spot

아이디어를 평가하는 비교적 쉬운 또 다른 방법은 다음과 같다.

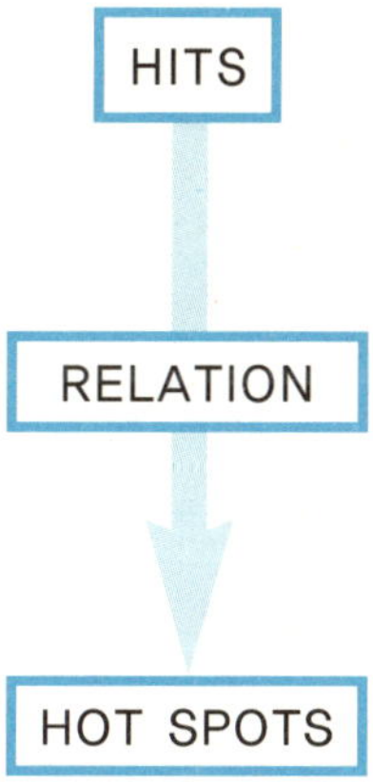

STEP1 HITS

- 아이디어를 보고 장기, 단기별로 '가능한 것, 흥미 있는 것'을 선택한다.

STEP2 RELATION

- 각 아이디어가 가진 장점 또는 단점을 검토하고, 그 밖의 다른 아이디어와 관련시켜 본다.

STEP3 HOT SPOTS

- 실현가능성은 높으나 좀 더 다듬고 손을 보는 것이 요구되는 아이디어이다.

HOT SPOT의 아이디어를 다음 3가지 기준인 ALU에 비추어 보다 좋은 아이디어(해결안)로 개발하는 것은 바람직하다.

- 장점(ADVANTAGES) : 무엇이 장점인가?
- 제한점(LIMITATIONS) : 약점을 어떻게 극복할 것인가?
- 독특한 결합(UNIQUE CONNECTIONS) : 약점을 장점으로 바꿀 수 있는 독특한 아이디어는 무엇인가?

N·O·T·E

수렴적 사고에서 아이디어를 평가할 때 수량화시키지 않는 방법으로는 Hits 및 Hot Spot를 찾아내는 방법이 있다. 이 방법은 개인적으로 해도 좋지만 팀에서 실시하면 재미있다.

〈실시하는 단계를 살펴보자.〉

산출한 아이디어들 중에서 "지금 당장 사용 및 실천이 가능한 것들"은 히트(Hit)라고 명명한다. 이것은 실제성, 현실성, 적용가능성 등 모든 면에서 합격된 아이디어를 말한다.

그러나 핫트 스팟(Hot spot)은 아이디어는 괜찮지만, 실천을 하기 위해서는 그래도 손을 좀 보아야 하는 아이디어들이다.

이 때 Hot spot으로 분류된 아이디어는 버리지 말고 ALU(장점, 제한점, 그리고 독특한 결합법) 등을 활용하여 Hit 아이디어로 개선해서 사용할 수 있도록 가공하는 것이 필요하다.

(3) [추가] 4단계 아이디어 평가법

- 아이디어 평가 방법의 또 다른 하나는 아이디어를 몇 개의 카테고리로 나누어 우선순위를 매기는 것이다.
- 아이디어의 상호 비교, 순위 매김(RANK), 우선순위를 결정하는 데는 아이디어 선호도 매트릭스(IDEA PC 평가법)에 의해 평가한다.
  (이것은 평가항목의 비중(WEIGHT)을 정하는 데도 활용할 수 있다.)
- 선택한 아이디어를 실행에 옮기기 위해서 필요한 외부 조건, 내부 조건 등도 체크한다.

STEP1
- 자기 마음에 드는 아이디어를 최저 6개 이상 선택한다.

STEP2
- 팀 멤버들에게 자신이 착안한 아이디어에 대해 설명하고, 추가할 사항이 있는지 여부에 대해 의견을 묻고, 추가 사항이 있으면 이를 받아들인다.

STEP3
1. 아이디어 선호도 매트릭스(아이디어 PC 평가표)에 기입한다.
2. 각각의 아이디어를 상호 비교하고, 우선순위를 숫자로 평가한다.
3. 각 아이디어에 대한 점수 합계를 낸다.

STEP4
1. 점수 합계가 높은 순서대로 해결방안 발견 매트릭스의 아이디어란에 기입한다.
2. 문제를 해결하는 데 필요한 내부 조건 및 외부 조건을 6개 이상 도출한다.(기준설정)
3. 여기서 나온 조건을 평가항목란에 기입한다.
4. 각 아이디어마다 평가항목을 체크하고, 각 조건에 적합하면 "0"표 그렇지 않으면 "×"표를 한다.
5. 아이디어들이 "당장 실시 가능한가", "수정 후 활용 가능한가" 또는 "전면 수정이 필요한가" 등으로 결정한다.

〈메트릭스 평가표〉

테마

아이디어												
1												
2												
3												
4												
5												
6												
7												
8												
9												
10												

제5단계

실행 및 평가.
창조적 발상을 통해서 아무리 좋은 아이디어가 나와도 실천이 안 되면 의미가 없다. 그리고 실천과 평가는 같은 단계로 즉시 이루어지는 것이 바람직하다.

최종적으로 선정된 아이디어라 하더라도 다음과 같은 한계가 있다는 사실에 유념하자.

ALU 법칙

A(Advantage) : 이것은 아이디어가 가지고 있는 장점을 말한다. 이때 실천을 하기 위해서 결정된 아이디어를 다시 분석한다.
L(Limit) : 이것은 제한점 또는 한계점을 말한다. 실제 아무리 좋은 아이디어라 하더라도 실천하고자 할 때는 나름대로 제한점이 따르게 마련이다.
U(Uniqueness) : 이것은 독창성을 말하는 것으로, 아이디어가 가지는고 있는, 다른 아이디어들과 차별화되는 특성을 말한다.

5단계

실행 및 평가
(Implementation and Evaluation)

실천(Implementation)은 현장에서 이루어지기 때문에 실행으로 옮기기 바로 직전의 마지막 단계에서 '아이디어 ALU 평가표'를 분석하고 실행으로 옮기는 것이 바람직하다.

[ALU 아이디어 평가표]

실천가능성이 높은 아이디어		
장 점	단 점	독특한 점

모듈 9

창조력 : 어디서 나오는가

"직면한 모든 것이 변화될 수 있는 것이 아니라,
직면해서야 비로소 변화될 수 있는 것이다." – 제임스 볼드윈 –

정보 수집의 3 Points(KJ)

3가지 Point	수집방법의 사례
1. 다각적	문제와 관계되는 자료나 각종 미디어 그리고 관계자 등으로부터 철저히 자료수집을 실시한다.
2. 정성적	각종 조사나 설문지 자료 등을 정량화하고, 사실뿐만 아니라 사람들이 한 말도 정성껏 모은다.
3. 간접적	인터뷰에서 들은 것과 그 테마 이외의 여담(부산물) 등에도 주목을 한다.

문제 파악에 활용하는 내부 정보와 외부 정보

2종류의 정보		내 용
1. 내부 정보	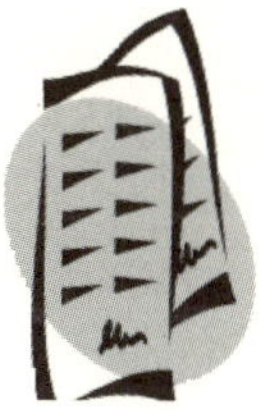	자신의 기억에 있는 지식 기록물이나 자료 자기 손에 있는 자료 가까운 사람과 한 대화나 메일
2. 외부 정보		신문, 잡지 등의 인쇄 미디어 TV, Radio 등 전파 미디어 인터넷 등 전자 미디어

Gordon의 창조에 대한 2가지 마음 준비

마음 준비	내용 사례
1. 이질 순화	부인이 말하는 미역의 독특한 맛에 대해서 듣고 그 성분을 분석하여 미역의 맛이 바로 구르타민인 것을 알아내고 아지노모도(미원)를 탄생시킴
2. 순질 이화	게임을 좋아하는 게임광이 룰이 간단한 게임을 생각하다가 잘 알고 있는 장기알과 흑백의 바둑알을 결합시켜 〈오셀로〉게임을 개발

순질 이화 유사 사례

사 례	고안자	힌 트	이화(발상 에피소드)
벤젠의 분자식	프레데릭 케큘레	꿈에 본 뱀	화학 분자식 최초로 루프형을 생각해 냈음. 꿈에 뱀이 똬리를 틀고 있는 모습을 보고 발상함
아르키메데스	호레스 웰즈	웃음가스	유럽에서 웃음을 일으키는 가스가 쾌감을 불러 일으키는 데 사용된다는 말을 듣고,미국 치과의사가 치아를 뽑는 발치에 사용함
테모스타더 (자동 on/off)	스펜서	보일러 문	보일러 화력의 강약에 따라서 신축하는 보일러 문에서 힌트를 얻어서 2가지 종류의 금속을 붙여서 테모스타터를 발명함
소설의 장면	후지카	아이들의 투호 놀이	산보를 하던 중 아이들이 투호놀이를 하는 것을 보고 힌트를 얻어 악당이 여자를 공격할 때 주요부분에 삿갓을 던져 덮는다는 신(장면)을 고안함
디즈니랜드	Walt Disney	스웨덴 스칸센 유원지	과거의 역사를 간직한 유명한 스칸센 유원지. Walt Disney는 당시유네스마을에 작은 건물들이 모여 있는 것을 보고 디즈니랜드를 설계함

문제해결법의 2분류

1. 발산 기법(발산적 사고를 이용하여 사실이나 아이디어를 내는 기법)

- 자유 연상법 (생각나는 대로 자유롭게 발상한다.)
  - – 브레인 스토밍, 브레인 라이팅
- 강제 연상법 (각종 힌트에 강제적으로 결부시켜 발상함)
  - – 체크리스트 법
- 유비 발상법 (테마의 본질에 가까운 것을 힌트로 하여 발상한다.)
  - – 형태 분석법, NM법, 시네틱스

2. 수렴 기법(발산사고에서 나온 사실이나 아이디어를 정리하여 완성하는 기법)

- 공간형법
  - 연역법 (테마를 기존의 분류법에 의해 정리한다.)
    - – 도서 분류
  - 귀납법 (유사테마를 모아서 새로운 분류로 만든다)
    - – KJ법, 크로스법
- 계열형법
  - 인과법 (원인, 결과로 정리한다.)
    - – 인과분석법, 특성요인도법
  - 시계열법 (시간적 흐름에 따라 정리한다.)
    - – 스토리법, PERT법

정보 수집의 3가지 원칙(규측집 법칙)

1. 규격화
(정보를 규격화하여 정돈한다)

2. 즉시화
(즉시 정보를 수집한다.)

3. 집중화
(정보를 집중적으로 관리한다.)

메모는 카드식과 노트식으로 구분(기록은 노트식으로, 기획은 카드식으로)

카드식

노트식

〈정보 메모 작성 방안〉

개인 컴퓨터 정보 활용

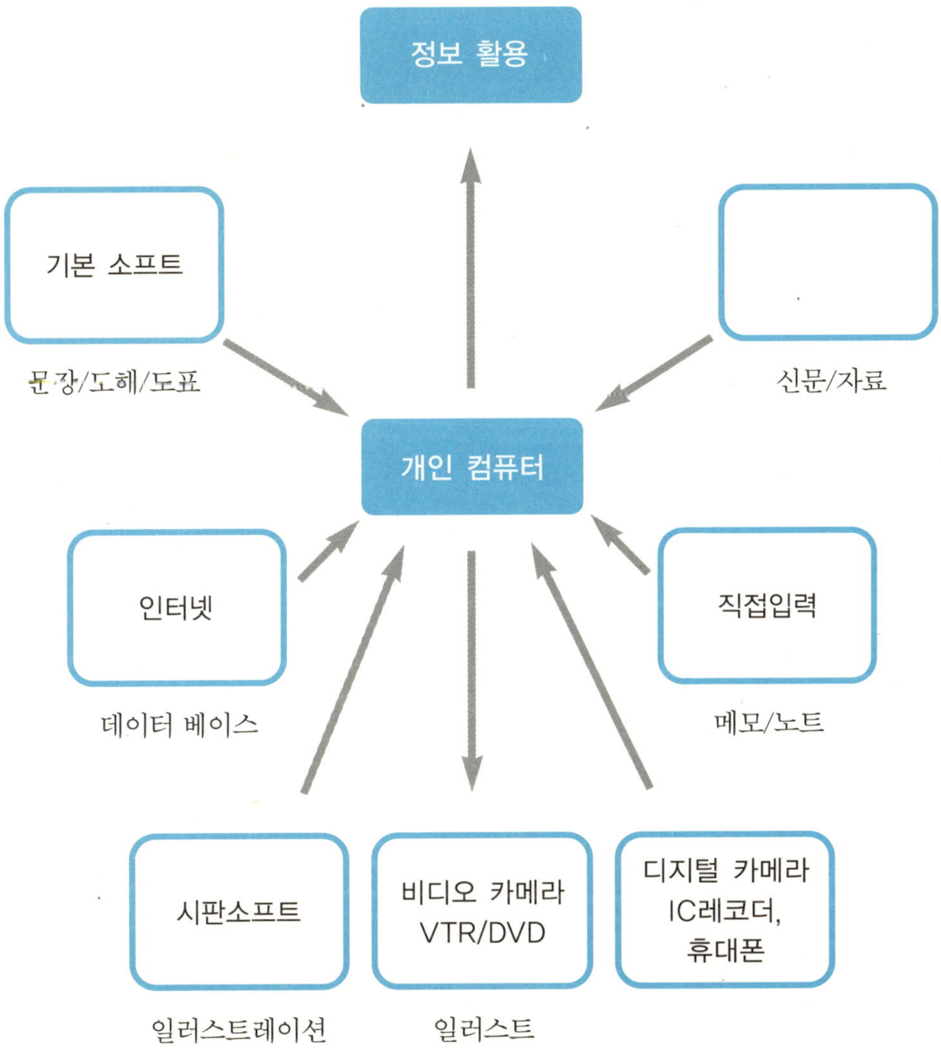
정보 활용
기본 소프트
문장/도해/도표
신문/자료
개인 컴퓨터
인터넷
데이터 베이스
직접입력
메모/노트
시판소프트
일러스트레이션
비디오 카메라
VTR/DVD
일러스트
디지털 카메라
IC레코더,
휴대폰

카드를 A4의 시트에 정리해 보자

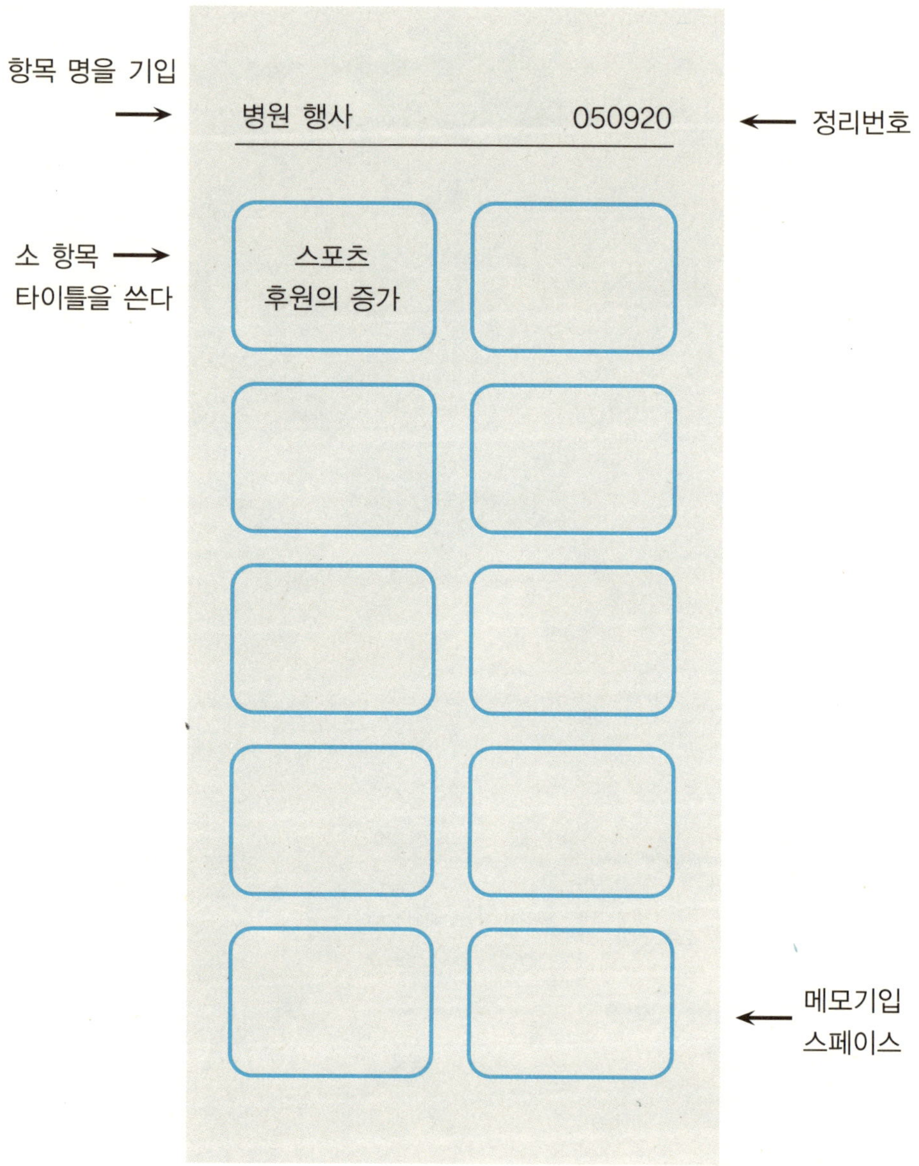

정보 전달의 이미지

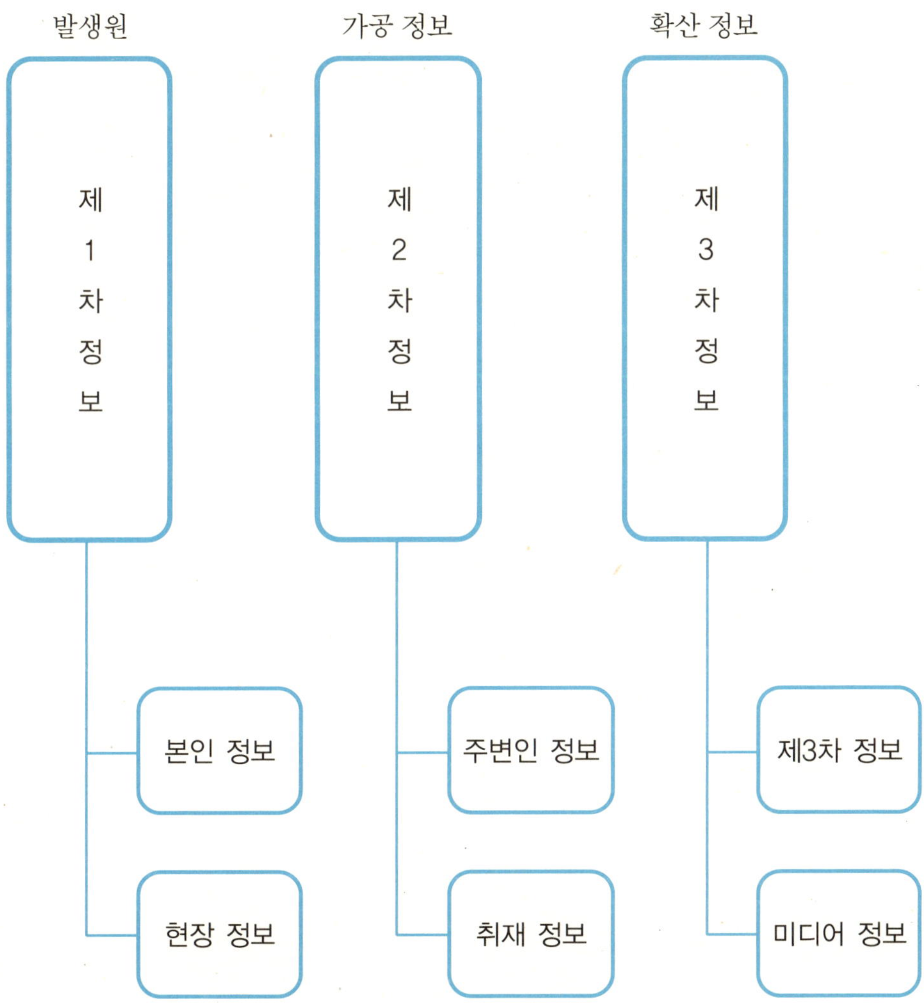
발생원
제1차 정보
본인 정보
현장 정보
가공 정보
제2차 정보
주변인 정보
취재 정보
확산 정보
제3차 정보
제3차 정보
미디어 정보

T형, 파이형, 대형 인간의 능력

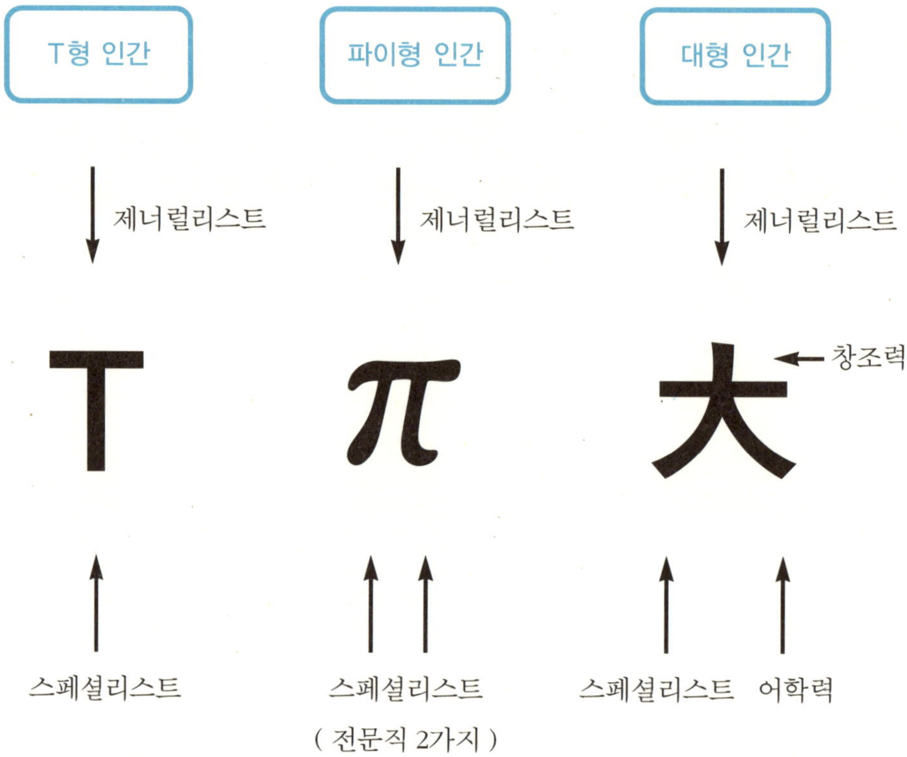

아이디어를 찾으러 가는 장소(일본)

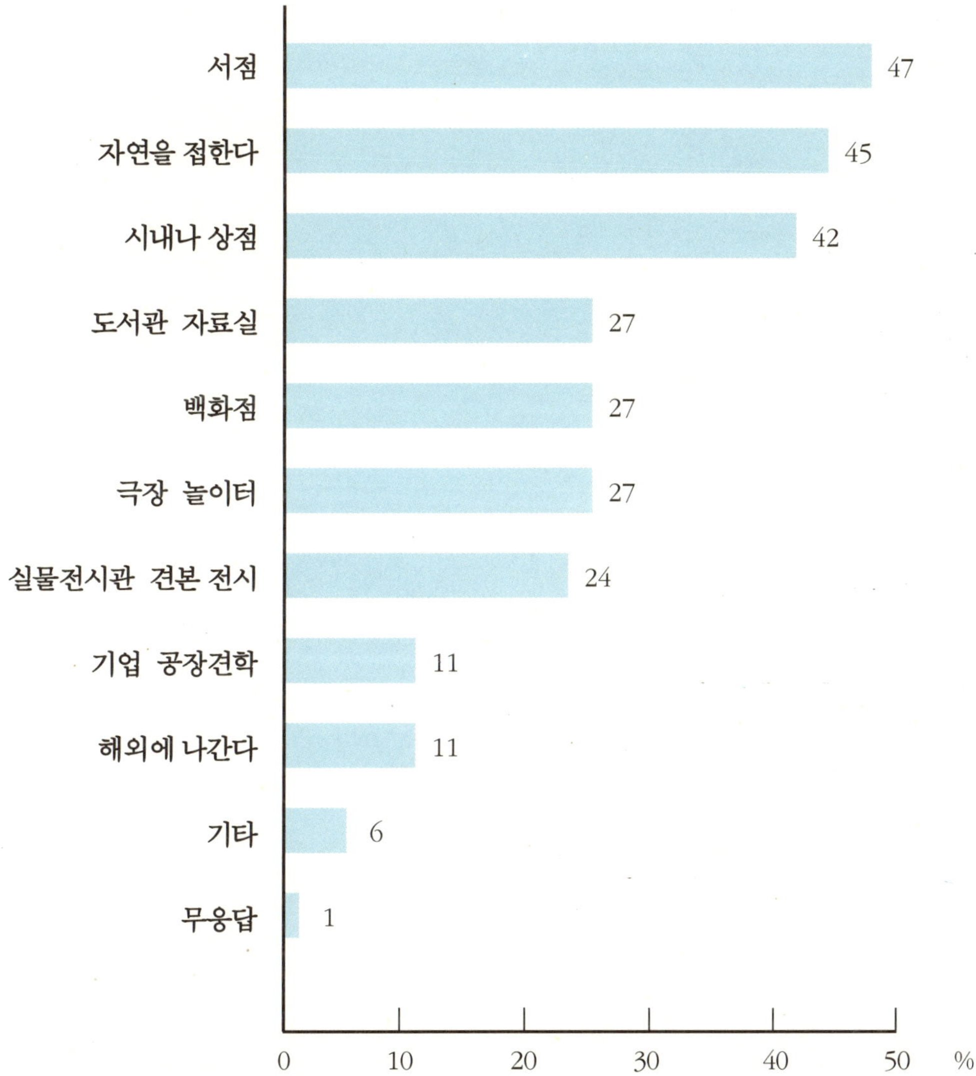

※출처 : 마코도 다카하시, 『창조력사전』

아이디어를 사고하는 장소(일본)

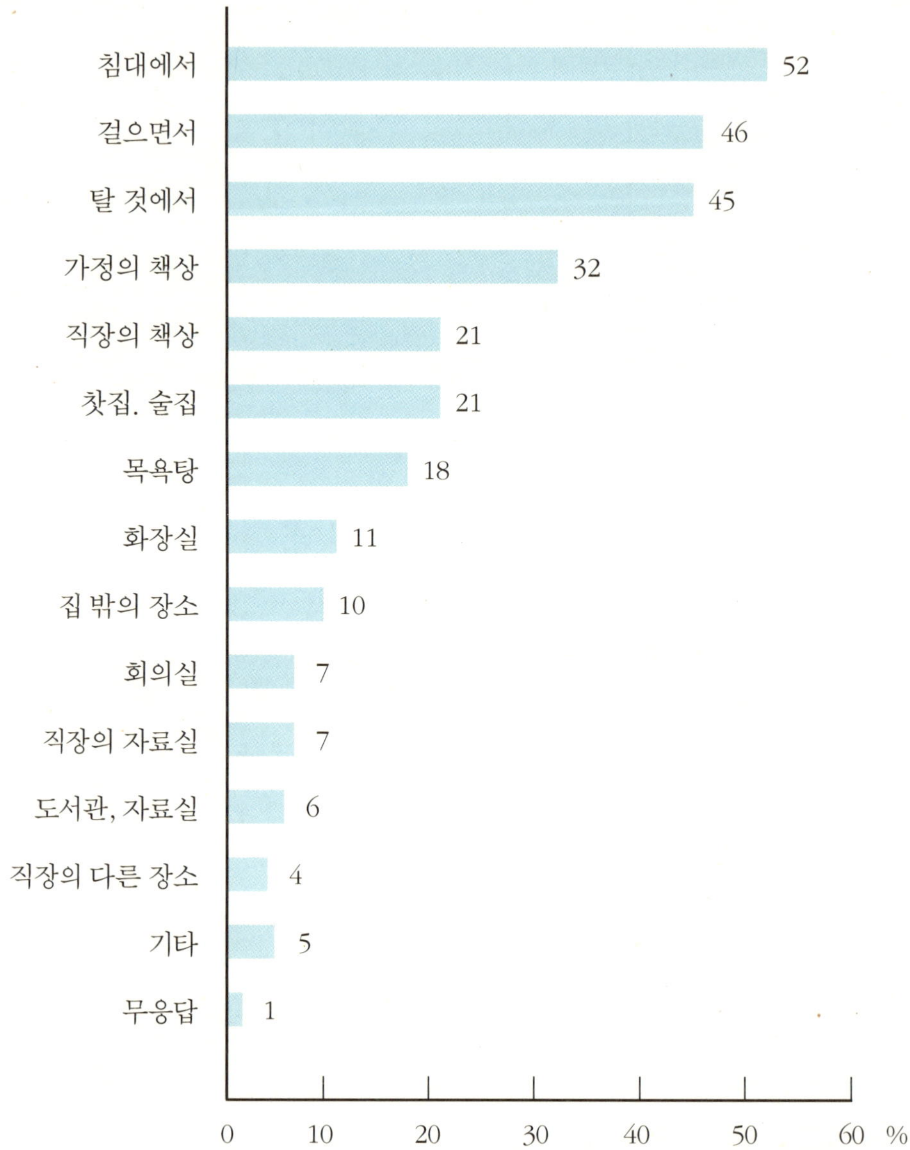

※출처 : 마코도 다카하시, 『창조력사전』

일본 사람은 '침상', 미국 사람 '차 안'(운전중)

일본		미국	
1. 침상	52	1. 차 안	44
2. 걸으면서	46	2. 걸으면서	35
3. 차 안	45	3. 침상	29

아이디어가 탄생하는 순간(일본)

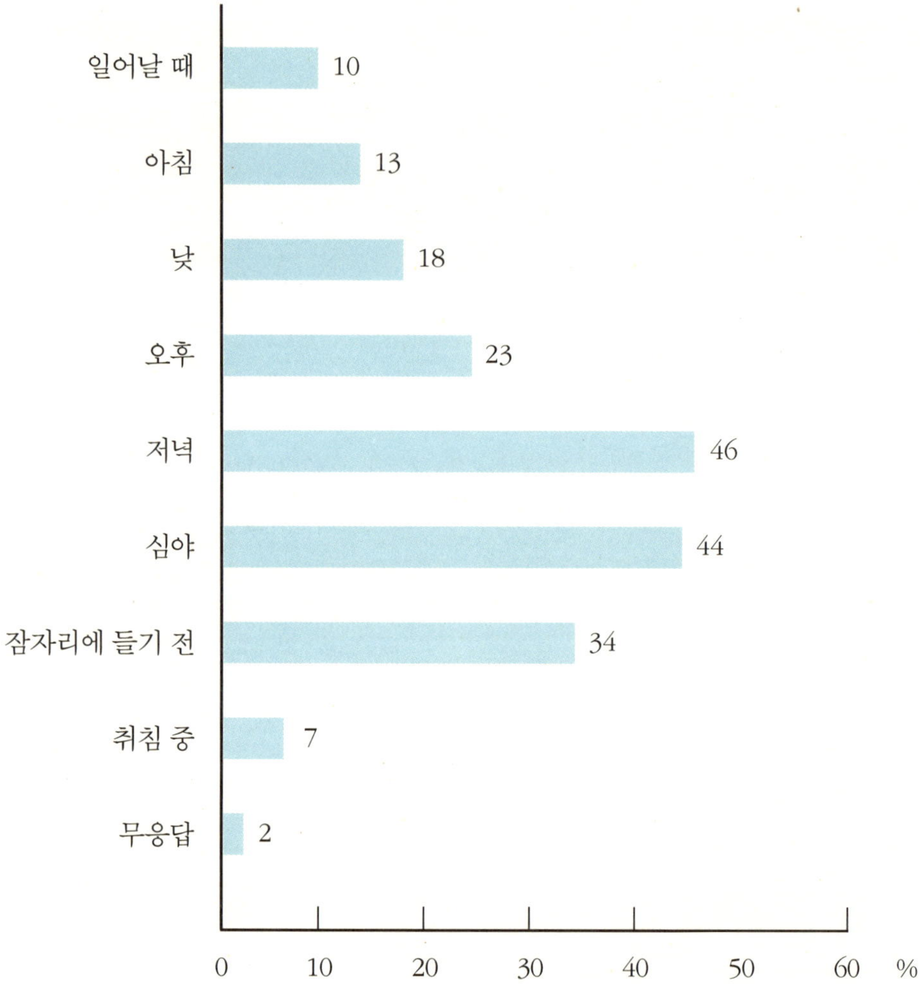

나의 아이디어 획득 방법

1. 내가 즐겨 아이디어를 찾으러 가는 장소는 어디인가?

   1) ______________________________

   2) ______________________________

   3) ______________________________

2. 나는 주로 어디에서 새로운 아이디어를 얻는가?

   1) ______________________________

   2) ______________________________

   3) ______________________________

3. 나는 새로운 아이디어를 주로 언제 얻는가?

   1) ______________________________

   2) ______________________________

   3) ______________________________

기업의 조직 관리론의 변화

1	통제 중심의 경영	테일러의 과학적 관리법
2	인간관계론 台頭	인간관계 이론(호손 공장 연구)
3	계획 중심 경영관리	시뮬레이션 마케팅 리서치 통제관리
4	행동과학 중심경영	인간 중심 메니지먼트
5	창조적 리더십 경영	창조력은 지속성의 핵심

기업의 창조성 개발 방법

대상	방법
1 개인 대상	창조성 교육 / 선발 육성교육 제안 제도 / CDP(커리어 개발 프로그램) 자기 신고 제도 / 특별 보상제도
2 소집단 대상	소그룹별 관리제 / 팀별 목표관리제 프로젝트제 / 팀별 목표관리제 QC운동
3 기업 전체 대상	사시, 사훈에 '창조'나 '독창' 포함 성과형 인사제도 분사화 · 독립사업부제 사내 트레이드제 사내 경합 팀제 긴급 프로젝트제

창조적 프로젝트를 이끌어 가는 리더의 7가지 조건

- 경험이 다양하다.
- 예측 능력이 뛰어나다.
- 멤버의 학력과 경험에 구애받지 않는다.
- 판단력이 정확하고 신속하다.
- 상상력이 풍부하다.
- 인간관계에서 중립을 유지한다.
- 표현력이 뛰어나다.

〈프로젝트를 수행하는 멤버의 4가지 조건〉

- 공통의 목적의식을 가진다.
- 이질적 멤버로 구성한다.
- 멤버끼리 상하관계나 지배관계가 없다.
- 서로 존경할 수 있는 멤버로 구성한다.

프리젠테이션의 체크 포인트

사전

1. 설득 상대를 확정하고 잘 조사한다.
2. 프리젠테이션의 목적과 내용을 잘 간추린다.
3. 프리젠테이션 소재의 내용과 범위를 잘 확인한다.
4. 회의장, 기자재, 시간 등을 체크 한다.
5. 역할을 정하고, 리허설을 통해 문제점을 체크한다.
6. 주최자와 사전에 충분히 교섭을 한다.

본론

1. 전체 → 부분 → 전체 순으로 발표를 한다.
2. 말하는 방법, 자세, 전개방법 등에 주의를 한다.
3. 사전준비에 너무 얽매이지 말고, 임기응변도 한다.
4. 발표소재와 배포물을 잘 활용한다.
5. 시간과 공간을 유효하게 사용한다.

사후

1. 프레젠테이션에 대한 상대측 반응을 확인한다.
2. 프리젠테이션을 한 후에 폴로우 업을 충분히 한다.
3. 프리젠테이션에 대해 반성하고 또 뒤돌아 본다.
4. 실행 계획의 내용을 다시 체크 한다.
5. 실행계획을 추진하기 위해 자원, 인재 등을 잘 활용한다.

모듈 10
일본 **창조력**을 벤치마킹한다

일본의 창조기업 : 그 창조의 비밀

일본창조학회와 일본경제신문사는 '창조 프로젝트'라고 부르는, 창조성과 관련된 활동을 2004년부터 해 오고 있다.

현재는 기업에 관련된 '창조기업연구회' 및 개인에 관련된 '크리에이티브 생활연구회' 등이 전개되고 있다.

제1회 일본 창조성 심포지움에서는 「일본의 창조성을 생각한다」를 주제로 잡았다. 본 행사에는 노벨상을 받은, 시바공업대학(芝浦工業大学)의 에사키 레오나(江崎玲於奈) 학장(당시)이 기조연설을 하고, 후지 제록스의 아시마 토시오(有馬利男) 사장이 특별 강연을 하였다. 후속하여 일본경제신문사의 이와마루 요우이치(岩丸陽一) 편집장이 사회를 맡고 일본에서 창조성으로 유명한 회사인 인덱스의 오치아이 마사미(落合正美) 회장, 작가인 코우다(幸田真音) 씨, 그리고 일본 창조학회 회장이며 창조연구소 소장인 다카하시 박사 등이 패널리스트로 참가하였다.

이 패널 토론회를 통하여 현재 일본의 창조 기업들이 하고 있는 여러 가지 활동들이 소개되었다. 우선 오치아이(落合) 씨가 회장으로 있는 인덱스는 현재 날아가는 새도 떨어뜨릴 수 있는 세력으로, 잘 나가는 휴대폰 컨텐츠 제공회사이다. 구체적인 예를 들면 이 회사가 도코모의 "I 모드"에 단독 1위로 콘텐츠를 제공하고 있다. 나아가 또 다른 창조 회사의 하나인 다카라(タカラ)로부터 와우링가루 『バウリンガル』라고 불리는 개들의 말을 사람들의 말로 옮기는 개언어 번역기(犬語翻譯機)도 발매하고 있다.

*본 원고는 일본창조학회 회장인 마코도 다카하시 박사의 기고임.

그런데 이 기발한 창조제품을 통하여 얼마 전 세계적으로 유명한 "Ig Nobel Prize"를 수상하였다. 이 상이야 말로 미국에서 수여하는 것으로, 대단히 재미있는 것이다. 즉, 우리 모두가 잘 알고 있는, 그 해의 노벨상이 결정된 다음에 "사람들을 우선 웃게 하고 그 다음에는 생각하게 하는 아이디어 또는 제품" 등을 선발하여 상을 주는, 노벨상의 패러디라 할 수 있다.

이 상은 하바드 대학이 지원하고 수상자는 MIT대학에서 프리젠테이션을 하도록 되어있다.

이 회사의 오치아이(落合) 사장은 회사의 사원 5%를 '자기가 좋아하는 일을 하면서' 놀게 하도록 한다고 밝히고 있다. 이들 사원들은 회사를 떠나서, 자유롭게 하고 싶은 것을 하도록 허용된다. 그래서 2~3년이 지나면, 무엇인가 엄청난 아이디어, 사업구상 나아가 성과 등을 가지고 나타날 것이라고 회사는 기대한다.

코우다(幸田) 씨는 미국기업에 근무한 적이 있는 자신의 경험을 살려서, 리더가 사원들을 칭찬하고 또 고무시켜주는 것이야 말로 대단히 중요한 일이라고 강조하였다. 나아가 코우다 씨는 자신이 근무한 적이 있는 미국회사의 상사는 사원들에게 어드바이스를 할 때 항상 '수퍼' 또는 '엑설런트' 등과 같은, 칭찬하는 어휘를 사용하였다고 밝히면서 창조형 리더는 이처럼 조직원을 칭찬과 고무를 하는 데도 뛰어나지 않으면 안 된다고 강조하였다.

제2회 심포지움은 『창조형기업 ; 어떻게 만들 것인가』라는 주제를 가지고 2004년 9월에 개최되었다. 기조연설은 일본 창조학회 초대회장이었던 타고 아키라 회장(多湖輝會長)〈당시〉, 특별강연의 연사로는 골프 다이제스트 온라인의 사장인 이시사카 씨가 초대되었다. 여기에 참가한 패널리스트는 JR 동일본프론티어 서비스연구소(JR東日本フロンティアサ ビス研究所)의 에가미 세쭈코(江上節子) 소장, 도쿄공과대학의 가루베 마사오(軽部征夫) 교수, 그리고 메릴린치 증권의 후지사와 회장(藤沢義之會長)이었다.

이 패널 디스커션의 목적은 창조형 기업을 만드는 방법에 대한 집중적인 토론을 하는 것으로 이에 대해 제안된 참가자들의 아이디어는 다음과 같다.

먼저 가루베(軽部) 교수는 "연구소에 과장, 부장, 소장 등과 같은 직급이 있다는 것 자체가 좀 이상합니다. 연구를 하는 곳에서는 상하관계가 없는 것이 바람직합니다."라고 말하면서 그 이유로 "창조란 개인적인 것이기 때문에 개별적인 존재를 중요하게 생각하는 조직을 만드는 것이 가장 우선 되어야 한다." 고 밝혔다.

후지사와(藤沢) 씨는 창조와 리더십에 대해서 언급하였다. 즉 리더가 가져야 하는 문제의식에 대하서 다음과 같이 말하였다. "리더는 누구보다 더 깊은 문제의식을 가지는 것이 중요합니다. 이때 리더는 전략성을 가지고, 사람들이 하는 말을 겸허하게 경청하면서 자기에게 주어진 권한을 행사하는 것입니다. 이처럼 새로운 시도를 하면서 만일 그 결과가 실패를 하는 경우에는 리더자신이 책임을 져야 하지요." 요약하면 그는 창조형 기업이란 개인을 존중하는 조직문화가 바탕을 이루어야 하고, 특히 리더는 자신이 결과에 대해 책임을 지면서 강력한 리더십을 발휘할 줄 알아야 한다고 호소하였다.

에가미(江上) 씨 역시 리더야말로 조직을 만드는 당사자라고 그 중요성을 강조하였다. 즉 "창조성을 발휘하는 팀, 조직, 방법론, 신규사업 등을 리더는 필사적으로 보호하고 지키지 않으면 안 됩니다." 특히 그는 조직이 이같은 수용력을 가지도록 만드는 것이 중요하다고 밝혔다. 결론적으로 창조형 기업에서 리더란, 사원 한 사람 한 사람이 창조성을 최대한도로 발휘할 수 있도록 리더십을 발휘하지 않으면 안 된다고 강조하였다.

지금까지 창조성 프로젝트는 2005년 2월에는 각 회사의 최고경영자들을 대상으로 조찬회를 실시하였고, 그 후속으로는 각 회사의 부장 클래스를 대상으로 한 "창조형기업연구회"를 시작했다. 2006년 12월까지 약 6회째 실시하고 있다. 구체적인 사례로 2007년 3월에는 도요다 자동차에서 참가하여 '도요다 창조력'에 대해서 프리젠테이션을 하도록 계획되어 있다.

창조주의 선언을 위한 3가지 조항

창조주의	공창주의 (共創)	창조특구 (特區)

일본의 창조력을 강화하기 위하여 2004년 6월에 「창조위원회」를 설립하였다. 이 위원회는 지금까지 제5차에 걸쳐서 기업의 창조성에 대한 토론을 실시하고 있다. 위원장은 앞에서 말한 에사키(江崎玲於奈) 박사가 맡고, 위원들은 제2회 패널디스커션에 패널리스트로 참가한 에가마(江上節子) 씨, 가루베 씨, 후지사와(藤沢義之) 씨, 일본경제신문의 이와마루(岩丸陽一) 씨 그리고 다카하시박사 등으로 구성되었다.

이 창조위원회에서는 그간 토론한 내용을 중심으로 다하하시 박사가 기안한 '창조주의 선언문' 을 발표하였다. 이 선언문은 개인 및 조직을 창조적으로 만드는데 필요한 것으로, 3개 조항으로 구성되어 있으며, 이를 중심으로 "창조주의선언문"을 발표하였다. 이것은 2005년 1월 18일에 일경산업신문(日經産業新聞)에 공표되었다.

창조주의

【창조주의 선언】 제 1 조

'모방을 하는 것은 부끄러운 일이다. 따라서 '창조주의'를 조직에 침투시키자.'

일본 사회생산성본부는 일본의 각 회사들이 만든 『사시사훈 : 社是社訓』을 중심으로 그 내용을 책으로 정리하여 지금까지 두 차례에 걸쳐서 출간하였다. 우선 1992년에 출판된 신판 『사시사훈』이 첫 번째이고 그 다음 2004년도에 나온 『미션과 경영이념 사시사훈, 제4판』이 두 번째이다.

각 사가 사시사훈에 '창조'나 '창의' 등과 같은 창조관련 어휘를 포함시키고 있는 사례를 조사한 결과는 다음과 같다.

1. 1992년도에는 253회사 〔750회사를 대상으로 한 34%〕
2. 2004년도에는 472회사 (983회사 중 48%)

이 같은 사실에서 살펴보면 제1차 연구년도인 1992년에서 2004년까지 창조, 창의를 사시사훈에 넣은 회사가 약 14% 이상 증가되었다고 볼 수 있다. 다시 말하면 일본의 경우 지난 20년간 창조를 중시하는 기업이 상당히 증가하고 있다고 말할 수 있다.

창조주의를 조직에 침투 및 확산시키고자 할 때 우선 회사의 이념부터 창조를 중요시하지 않으면 안 된다. 이제 그 구체적인 예를 하나 살펴보자.

도론 ' トロン'은 일본 최초의 OS로, 현재는 가전제품회사와 도요다 자동차가 활용하고 있으며 일본이 독자적으로 개발한 OS의 슈퍼스타라고 불리고 있다.

그런데 오늘날과 같은 성과를 얻게 되기까지는 이 OS를 개발하기까지 엄청나게 어려운 고난의 길을 걸어왔다. 처음에 이 OS를 창조한 동경대학교수 사카무라겐(坂村健) 씨는 이것이 OS로서 확산될 수 있을 것이라고 판단하고 일본기업들을 대상으로 폭넓은 협의회를 구성하였다. 그리고 일본정부를 설득하여 이것을 중학교 교육용 OS로 채용되도록 추진하였다. 그런데 아직 제품화도 이루어지지 않은 단계에서 미국정부가 이 도론을 무역장벽으로 간주하여 일본정부를 위협하였다. 일본정부는 여기에 굴복하여 초·중학교에 OS도입 계획을 백지화시켰다. 이것은 바로 일본 초유 OS의 미래 및 장래를 끊어 놓는 결과를 가지고 왔다.

그럼에도 불구하고 사카무라 교수를 중심으로 한 연구팀(坂村グループ)은 정부 및 기업의 지원이 전혀 없는 악조건 하에서 그 개발을 속행하였다. 마침내 도요다자동차가 카 네비게이션에 이 OS를 채택하는 것을 시작으로 하여, 이를 뒤따라 가전회사들이 순차적으로 채택하였으며, 마침내 스퍼 스타의 길을 걷게 되었다.

이 사례에서 배울 수 있는 것은 다음과 같다. 즉 창조는 처음에는 개인의 독창력으로부터 출발하지만,

리더와 팀이 없으면 성공하지 못한다는 사실을 가르쳐 주고 있다.

도론(トロン)의 사례가 보여주는 것처럼, 이념으로 창조주의를 내걸고, 어떤 어려움이 닥쳐도 굴하지 않는 집념이야 말로 창조성이 꽃필 수 있는 지름길이라는 사실을 상기하자.

공창주의
(共創)

【창조주의 선언】 제 2 조

'제한된 편협성을 탈피한다. 이를 위해 다양한 「공창관계 : 共創關係」를 만든다'

지금까지 일본의 기업들은 무엇이든지 자기회사가 주체가 되어서 하고자 하는 주의였다. 나아가 독창성이란 것을 별개의 것으로 보아왔기 때문에 협동이란 개념도 활성화되지 못하였다. 그렇지만 실제 현대사회에서 창조를 한다는 것은 남다른 기술력뿐만 아니라 이것이 판매력으로 뒷받침하지 않으면 안 되는 경우가 빈번하다. 따라서 이것을 단독기업이 해낸다는 것은 대단히 어려운 과업이 아닐 수 없다. 기업이 합병을 하거나 제휴를 하는 것은 바로 이러한 사정이 배경에 깔려 있는 경우가 허다하기 때문이다. 이 같은 논리에서 현대는 공창(共創)의 시대라고 불리운다.

앞에서 소개한 도론(トロン)사례가 이 같은 사실을 뚜렷하게 보여주고 있다. 따라서 도론 프로젝트야말로 일본 국내기업들이 보여준 공창 프로젝트의 대표적인 경우에 해당된다. 그러나 무리한 말이기는 하지만, 국제적 공창을 만드는 것은 이루어지지 못했다. 왜냐하면 미국이 일본에 대해서 압력을 가해 왔기 때문이다.

현재 유럽에서 시작한 리눅스야 말로 개방형 OS의 대표적 사례이다. 이것은 오늘날 윈도우에 대항하는 대표적인 OS라고 할 수 있다. 또 이것이야말로 일본과 유럽이 가지고 있는 '대미 파워'가 얼마나 서로 다른가를 뚜렷하게 보여주는 증거라고 할 수 있다.

이상에 추가하여 최근에 있는 사례로서 IC Tag 개발을 들 수 있다. 이것은 유비쿼터스시대에 각광받는 신기술로, 예컨대 쇼핑센터에 가서 고객이 이런 저런 물건들을 구입하고 이를 카트에 싣고 계산원이 있는 입구를 지나가면 자동적으로 모든 계산이 가능하게 하는 IC Tag을 말한다.

IC 택은 2010년도가 되면 약 30조 엔에 달하는 거대한 마켓이 형성될 것으로 판단되는 미래상품이다. 일본에서는 경제산업성이 중심이 되고 여러 기업들이 참가하여 공동개발을 추진하고 있다. 그 내용을 살펴보면 히다치(日立製作所)가 개발한 IC 택은 1개 5엔이라서 파격적으로 저렴하게 제공할 수 있다.

이에 비해 아메리카의 IC 택 메이커가 제작하는 것은 1개 가격이 35엔에 달하여 7배 이상 비싸기 때문에 일본제품이 절대적으로 유리한 입장에 서있다. 그럼에도 불구하고 미국이 국제 메이커들을 중심으로 세계의 약 500개 회사를 모아서 EPC 위원회를 신설하였다. 따라서 유럽국가들이 중심으로 된 ISO 조차에서도 이 위원회의 의도를 무시할 수 없다. 따라서 이것이 또 다시 일본발 세계표준을 만들 기회를 좌절시키는 사례가 아닐까 우려가 된다.

이상이야말로, 세계에서 일본이 처하고 있는 상황을 여실하게 증명해 주는 예라고 할 수 있다. 일본의 기술력은 세계 어느 나라와 비교해도 지지 않을 만큼 뛰어나다. 그러나 오늘날과 같은 글로벌시대에 와서는 기술력만 가지고는 절대로 이길 수 없다. 그 대신 기업들이 공창전략을 어떻게 꾸려나가는 것이야 말로 바로 승리의 관건이라고 볼 수 있다.

일본에는 옛날부터 비디오 테이프에 베타와 VHS 즉, 두 가지가 있었다. 실제로 베타 기술이 훨씬 더 우위를 차지하고 있었음에도 불구하고, 이를 채택하고자 하는 진영의 힘이 약했기 때문에 VHS가 이기게 되었다. 최근에 와서 이루어지고 있는 DVD 규격에 관한 싸움 역시 마침내 비디오 테이프를 둘러싼 전쟁을 재현하고 있는 것 같이 보인다.

여기서 말하는 공창이란 단지 기업 규모를 말하는 것이 아니다. 그 대신 어떤 기업의 경우에도 이 같은 공창이란 키워드가 있게 마련이다. 시청과 기업의 공창, 대학과 기업의 공창, 유통기업과 제조기업의 공창 등등 그 사례란 수도 없이 많다.

필자는 이처럼 공창이야말로 창조형 기업을 만드는 데 도저히 없어서는 안 될 전략이라고 생각한다.

창조특구
(特區)

【창조주의 선언】 제 3 조

이재(異才)를 선발하고, 창조특구(創造特区)에서 독창력을 발휘하게 한다.

제3조는 특이한 인재들, 즉 이재(異才)가 활동할 수 있는 특구(特区)를 만드는 것이다. 기업이 여기에 관심을 가지고 있는 것은 옛날부터이다. 그러나 여기서 말하는 이재란 좀 괴팍하고, 특이하고 이상하기 때문에 우선 이들을 발견한다는 것이 대단히 어렵다.

창조성을 연구하는 분야의 하나로, 천재에 대한 연구가 있다. 이 연구에 관한 한 가지 예를 들면 천재의 특징으로 "활동력, 집중력, 확대력, 결집력 그리고 끈기력" 등을 들 수 있다. 다른 연구에서는 창조적 퍼스넬리티를 가진 사람의 특징으로는 자주성, 충동성, 고집성, 호기심, 개방성, 내성적 경향, 자기통제적 경향 그리고 순수한 마음 등을 들고 있다.

이상을 살펴보면 천재란 '강한 호기심을 가지고 있고, 과업에 집중하면서, 집념을 갖고 해결방법을 추구할 뿐만 아니라 최후까지 단념하지 않고 실천해 내는 인재'라고 정의할 수 있다.

이재(異才)라고 불리는 사람은 이 같이 끝까지 과제해결을 해내는 사람을 말한다. 그런데 이재를 발견해 내는 과업은 현장의 장에게 달려 있다. 구체적으로 살펴보면, 이재 발견은 우선은 현장의 장이 시작하지 않으면 안 된다. 그러나 대부분의 기업이 가지고 있는 인사평가시스템은 행동평가(行動評価, 컴피턴시 평가)를 활용하고 있다. 그런데 이 같은 시스템은 이재를 발견하는 툴(Tool)이 되지 못한다.

그 다음, 이재를 발견한 뒤에는 이 사람을 격리시켜서 특구(特区)에 투입하는 것이야 말로 대단히 중요하다고 주장하고 싶다. 여기서 말하는 특구라고 하는 것은 현장으로부터 분리된 장소로, 앞에서 소개한 인덱스사 사장이 말한 5% 사원들이 현장과 떨어져서 활동하고 있는 것과 동일하다. 연구소 역시 특구의 일종이라 할 수 있다. 다음에 제시하는 미국 뉴멕시코 소재 Santa Fe 연구소는 세계적으로 유명한 '창조특구'의 하나이다.

Creative Zone : Santa Fe 연구소

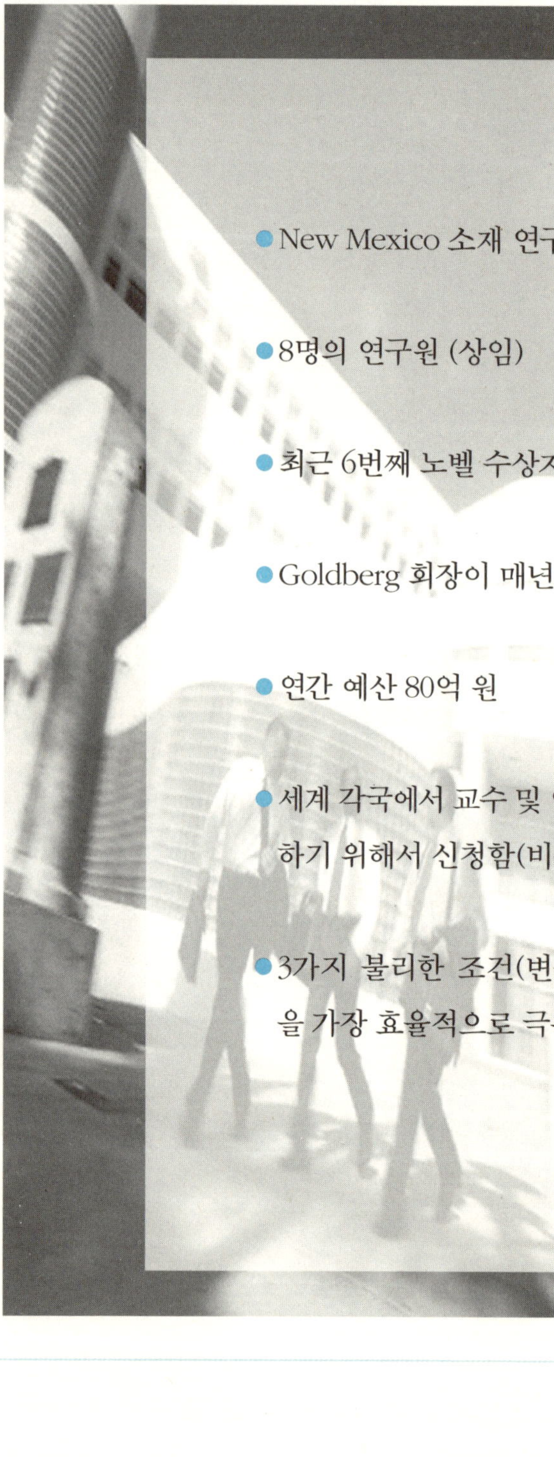

- New Mexico 소재 연구소 (LA에서 4시간)
- 8명의 연구원 (상임)
- 최근 6번째 노벨 수상자 탄생
- Goldberg 회장이 매년 일본에서 펀드 레이싱 강연
- 연간 예산 80억 원
- 세계 각국에서 교수 및 연구원 등이 이곳에 연구활동을 하기 위해서 신청함(비용은 자기가 지불함)
- 3가지 불리한 조건(변두리/예산취약/인원취약) 등을 가장 효율적으로 극복하고 있음

창조주의 선언

2006년 3월 15일 마코도 다카하시

【창조주의 선언 3조】

1. 모방을 부끄럽게 생각하고, 「창조주의」를 조직에 침투시키자.
   - 독자적으로 창조전략을 수립하고, 철저하게 실천한다.
   - 지재전략(知財戰略)을 강화하자. 지혜야말로 이익창출의 어머니이다.
   - 회사가 가진 독창성이야 말로 조직의 모든 평가 및 판단 기준이다.
   - 창조자에게 충분한 인센티브를 제공한다.

2. 폐쇄되고 제한된 영역에 머물지 말고, 다양한 공창관계「共創關係」를 만든다. 고정관념을 버리고, 발상을 최대한 비약시키도록 한다.
   - 조직과 개인이 한정된 영역에서 탈피하여, 넓은 세상에서 비상하도록 한다.
   - 계열, 동종업종 등을 뛰어 넘어서, 다양한 조직 및 기업들과 제휴한다.
   - 학회, 대학, 행정 등과 폭넓게 공동연구, 공동사업을 추진한다.
   - 세계에 산재한 다양한 조직 및 인재들과 글로벌 네트웍을 구축한다.

3. 이재를 선발하고, 「창조특구」에서 공창을 시도한다.
   - 사원들의 개성을 중시하고, 각자의 창조성을 육성시킨다.
   - 이단(異端) 및 이재를 주목하고 이들을 적극적으로 활용한다.
   - 창조인재를 선발하고, 사내에 창조특구를 만든다.
   - 창조특구를 치외법권으로 만들고 이단의 인재들이 자기능력을 발휘하도록 고무한다.
   - 독창적인 과제를 찾고, 독창기업을 주목하며 벤치마킹한다.